Os índios na História do Brasil

Livros publicados pela Coleção FGV de Bolso

(01) *A História na América Latina – ensaio de crítica historiográfica* (2009)
de Jurandir Malerba. 146 p.
Série 'História'

(02) *Os Brics e a Ordem Global* (2009)
de Andrew Hurrell, Neil MacFarlane, Rosemary Foot e Amrita Narlikar. 168 p.
Série 'Entenda o Mundo'

(03) *Brasil-Estados Unidos: desencontros e afinidades* (2009)
de Monica Hirst, com ensaio analítico de Andrew Hurrell. 244 p.
Série 'Entenda o Mundo'

(04) *Gringo na laje – Produção, circulação e consumo da favela turística* (2009)
de Bianca Freire-Medeiros
Série 'Turismo'

(05) *Pensando com a Sociologia* (2009)
de João Marcelo Ehlert Maia e Luiz Fernando Almeida Pereira. 132p.
Série 'Sociedade & Cultura'

(06) *Políticas culturais no Brasil: dos anos 1930 ao século XXI* (2009)
de Lia Calabre. 144 p.
Série 'Sociedade & Cultura'

(07) *Política externa e poder militar no Brasil: universos paralelos* (2009)
de João Paulo Soares Alsina Júnior. 160 p.
Série 'Entenda o Mundo'

(08) *A Mundialização* (2009)
de Jean-Pierre Paulet. 164 p.
Série 'Sociedade & Economia'

(09) *Geopolítica da África* (2009)
de Philippe Hugon. 172 p.
Série 'Entenda o Mundo'

(10) *Pequena Introdução à Filosofia* (2009)
de Françoise Raffin. 208 p.
Série 'Filosofia'

(11) *Indústria Cultural – uma introdução* (2010)
de Rodrigo Duarte. 132 p.
Série 'Filosofia'

(12) *Antropologia das emoções* (2010)
de Claudia Barcellos Rezende e Maria Claudia Coelho. 136 p.
Série 'Sociedade & Cultura'

(13) *O desafio historiográfico* (2010)
de José Carlos Reis. 160p.
Série 'História'

(14) *O que a China quer?* (2010)
de G. John Ikenberry, Jeffrey W. Legro, Rosemary Foot, Shaun Breslin. 132p.
Série 'Entenda o Mundo'

(15) *Os índios na História do Brasil* (2010)
de Maria Regina Celestino de Almeida. 164p.
Série 'História'

FGV EDITORA

FGV de Bolso
Série História
15

Os índios na História do Brasil

Maria Regina Celestino de Almeida

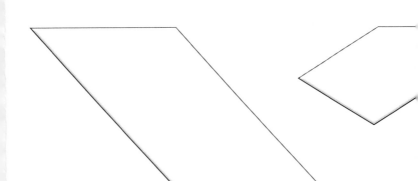

Copyright © 2010 Maria Regina Celestino de Almeida

1ª edição – 2011; 1ª reimpressão – 2013; 2ª reimpressão – 2014; 3ª reimpressão – 2016; 4ª reimpressão – 2017; 5ª reimpressão – 2019; 6ª reimpressão – 2020; 7ª reimpressão – 2021; 8ª reimpressão – 2022; 9ª reimpressão – 202 10ª reimpressão – 2024.

Impresso no Brasil | *Printed in Brazil*

Todos os direitos reservados à EDITORA FGV. A reprodução não autorizada desta publicação, no todo ou em parte, constitui violação do copyright (Lei nº 9.610/98).

Os conceitos emitidos neste livro são de inteira responsabilidade da autora.

COORDENADORES DA COLEÇÃO: Marieta de Moraes Ferreira e Renato Franco
PREPARAÇÃO DE ORIGINAIS: Paulo Frederico Telles Ferreira Guilbaud
REVISÃO: Lívia Duarte, Tathyana Viana, Aleidis de Beltran
DIAGRAMAÇÃO: FA Editoração
PROJETO GRÁFICO E CAPA: Dudesign

Ficha catalográfica elaborada
pela Biblioteca Mario Henrique Simonsen/FGV

Almeida, Maria Regina Celestino de
    Os índios na história do Brasil / Maria Regina Celestino de
Almeida. - Rio de Janeiro : Editora FGV, 2010.
    168 p. (Coleção FGV de bolso. Série História)

    Inclui bibliografia.
    ISBN: 978-85-225-0828-0

    1. Índios da América do Sul - Brasil – História. 2. Etnicismo –
Brasil. 3. Índios da América do Sul – Brasil - Identidade étnica.
I. Fundação Getulio Vargas. II. Título. III. Série.

CDD – 980.41

EDITORA FGV
Rua Jornalista Orlando Dantas, 9
22231-010 | Rio de Janeiro, RJ | Brasil
Tel.: 21 3799-4427
editora@fgv.br | www.editora.fgv.br

Para Paula.

Sumário

Introdução	**9**
Capítulo 1	
O lugar dos índios na história: dos bastidores ao palco	**13**
No tempo dos bastidores	13
Conquistando um lugar no palco...	18
E (quem diria?) a ação dos índios também move a história...	25
Capítulo 2	
Os índios na América portuguesa	**29**
Tupis e tapuias em tempos de mudança	29
Guerras e trocas entre os tupinambás	36
Os primeiros contatos	38
Capítulo 3	
Guerras indígenas e guerras coloniais/pós-coloniais	**45**
A conquista da capitania de Pernambuco e suas anexas	49
A conquista da capitania da Bahia, Ilhéus e Espírito Santo	53
A conquista da Guanabara	57
E, para além do século XVI, as guerras continuam...	62

Capítulo 4
Política de aldeamentos e colonização   **71**

As muitas funções e significados das aldeias coloniais   73
Os índios e as leis   82
Viver e mudar nas aldeias: ressocialização e catequese   88
Tornar-se índio aldeado: ação política, mestiçagens e
  reconstruções identitárias nas aldeias   98

Capítulo 5
Política indigenista de Pombal e políticas indígenas   **107**

O Diretório dos Índios: rupturas e continuidades   109
De aldeias indígenas a vilas e lugares portugueses:
  as primeiras experiências na Amazônia   113
Política de igualdades ou manutenção das diferenças?   118
  Principais x comuns: enobrecimento de lideranças e
    hierarquias nas aldeias   119
  Bárbaros x civilizados: incorporação dos povos do
    sertão e permanência das distinções   122
  Índios x não índios: propostas de assimilação e
    resistências indígenas   126

Capítulo 6
Etnicidade e nacionalismo no século XIX   **135**

Imagens do índio   137
Política indigenista e políticas indígenas   141
Conflitos agrários e resistências indígenas nas antigas aldeias   151

Considerações finais   **159**

Referências   **161**

Introdução

Os povos indígenas tiveram participação essencial nos processos de conquista e colonização em todas as regiões da América. Na condição de aliados ou inimigos, eles desempenharam importantes e variados papéis na construção das sociedades coloniais e pós-coloniais. Foram diferentes grupos nativos do continente americano de etnias, línguas e culturas diversas que receberam os europeus das formas mais variadas e foram todos, por eles, chamados índios. Eram, em sua grande maioria, povos guerreiros, e suas guerras e histórias se entrelaçaram, desde o século XVI, com as guerras e histórias dos colonizadores, contribuindo para delinear seus rumos.

Este livro trata da história desses índios em contato com as sociedades coloniais e pós-coloniais no Brasil. Índios que, até muito recentemente, quase não mereciam a atenção dos historiadores. Nas últimas décadas, no entanto, os estudos históricos sobre eles têm se multiplicado e contribuído para desconstruir visões equivocadas e preconceituosas sobre suas relações com os colonizadores. De personagens secundários apresentados como vítimas passivas de um processo violento no qual não havia possibilidades de ação, os povos indígenas em diferentes tempos e espaços começaram a aparecer como agentes sociais cujas ações também são consideradas importantes para explicar os processos históricos por eles vividos. Essas novas interpretações permitem outra compreensão sobre suas histórias e, de forma mais ampla, sobre a própria história do Brasil.

O objetivo deste livro é apresentar uma revisão das leituras tradicionais sobre o tema, a partir de pesquisas recentes que têm revelado o amplo leque de possibilidades de novas interpretações sobre as trajetórias de grupos e indivíduos indígenas. Nessas pesquisas, os índios aparecem como sujeitos ativos nos processos de colonização, agindo de formas variadas e movidos por interesses próprios. A violência da conquista e da colonização não os impediu de agir, mobilizando as possibilidades a seu alcance para atingir seus interesses que se transformavam com as novas situações vivenciadas.

É importante assinalar que essas novas leituras não resultaram apenas da descoberta de documentos inéditos, mas principalmente de novas interpretações fundamentadas em teorias e conceitos reformulados. Em outras palavras, um mesmo documento pode revelar realidades bem diversas, conforme as referências teóricas e conceituais que embasem as interpretações dos investigadores. Essas novas interpretações tornaram-se possíveis quando historiadores e antropólogos começaram a dialogar e a trocar experiências a respeito de seus temas e ferramentas de trabalho – as teorias, os conceitos e os métodos – com os quais analisam seus objetos de estudo.

Pesquisas interdisciplinares, que conjugam teorias e métodos históricos e antropológicos, vão aos poucos desconstruindo compreensões simplistas e interpretações equivocadas sobre os índios e suas relações. Da mesma forma, ideias preconceituosas que, por muito tempo, predominaram e influenciaram o pensamento dos intelectuais responsáveis pela construção do saber sobre os índios, também vão sendo ultrapassadas. Por essa razão, para pensar sobre essa revisão historiográfica, que tem dado um novo lugar aos índios em nossa história, é importante abordar algumas questões teóricas e conceituais da história e da antropologia que nos ajudam a compreender essas diferentes leituras a respeito dos papéis atribuídos aos índios.

Capítulo 1

O lugar dos índios na história: dos bastidores ao palco

No tempo dos bastidores

Como os índios têm sido vistos tradicionalmente em nossa história? Desde a *História do Brasil* de Francisco Adolfo Varnhagen (1854) até um momento bastante avançado do século XX, os índios, *grosso modo*, vinham desempenhando papéis muito secundários, agindo sempre em função dos interesses alheios. Pareciam estar no Brasil à disposição dos europeus, que se serviam deles conforme seus interesses. Teriam sido úteis para determinadas atividades e inúteis para outras, aliados ou inimigos, bons ou maus, sempre de acordo com os objetivos dos colonizadores. Além disso, em geral, apareciam na história como índios apenas no momento do confronto, isto é, quando pegavam em armas e lutavam contra os inimigos. Assim, os tamoios, os aimorés, os goitacazes e tantos outros eram vistos como índios guerreiros, que resistiram bravamente à conquista de suas terras. Foram, no entanto, derrotados e passaram a fazer parte da ordem colonial, na qual não havia brecha nenhuma para a ação. Tornavam-se, então, vítimas indefesas dessa ordem. Na condição de escravos ou submetidos, aculturavam-se, deixavam de ser índios e desapareciam de nossa história.

Essas ideias, até muito recentemente, embasavam o desaparecimento dos índios, em diversas regiões do Brasil, já nos primeiros séculos da colonização. Desapareciam, porém, deve-se ressaltar, apenas da história escrita. Estudos recentes têm demonstrado que, do século XVI ao XIX, os índios inseridos no mundo colonial, em diferentes regiões da América portuguesa, continuavam muito presentes nos sertões, nas vilas, nas cidades e nas aldeias. Inúmeros documentos produzidos pelos mais diversos atores sociais evidenciam essa presença.

Como se explica terem desaparecido da história do Brasil? Em grande parte, parece-me, devido à ideia acima apontada e predominante, por muito tempo, entre antropólogos e historiadores. Trata-se da ideia segundo a qual os índios integrados à colonização iniciavam um processo de aculturação, isto é, de mudanças culturais progressivas que os conduziam à assimilação e consequentemente à perda da identidade étnica. Assim, as relações de contato com sociedades envolventes e os vários processos de mudança cultural vivenciados pelos grupos indígenas eram considerados simples relações de dominação impostas aos índios de tal forma que não lhes restava nenhuma margem de manobra, a não ser a submissão passiva a um processo de mudanças culturais que os levaria a serem assimilados e confundidos com a massa da população.

Nessa perspectiva assimilacionista predominante, por longo tempo, no pensamento antropológico, os índios integrados à colonização tornavam-se indivíduos aculturados e passivos que, junto com a guerra, perdiam culturas, identidades étnicas e todas as possibilidades de resistência. Tal concepção

Os índios na história do Brasil

teórica, hoje bastante questionada, tinha ampla aceitação num tempo em que historiadores e antropólogos andavam afastados e seus campos de estudo eram nitidamente distintos. Culturas, identidades étnicas, relações culturais e vários outros temas relacionados ao cotidiano de homens comuns e de povos não ocidentais eram assunto de antropólogos e, em geral, estudados num plano sincrônico, isto é, sem levar em conta processos de mudança.

A cultura dos chamados "povos primitivos", vista como pura e imutável, era objeto de investigação dos antropólogos preocupados em compreendê-la em suas características originais e autênticas. Processos históricos de mudança por eles vividos não eram valorizados por pesquisadores interessados em desvendar a lógica e o funcionamento da cultura entendida de forma essencialista, isto é, como fixa, estável e imutável. Além disso, os chamados povos primitivos eram considerados isolados e sem história. Moviam-se com base em suas tradições e mitos considerados também a-históricos. Essas ideias, com exceções e nuances que não serão aqui abordadas, predominaram entre as principais correntes do pensamento antropológico, ao longo do século XX, e orientaram importantes e excelentes trabalhos sobre os povos indígenas da América e suas culturas, porém não numa perspectiva histórica.

Embora algumas vozes já alertassem, em meados do século XX, para a importância de se considerar a trajetória histórica dos povos para o melhor entendimento de suas culturas, predominou, entre os antropólogos, a concepção de que os processos históricos portadores de mudança não eram importantes para a compreensão de seus objetos de estudo. Ao contrário, eram vistos como propulsores de perdas culturais sucessivas que levavam à extinção dos povos estudados. Afinal, se a cultura era vista como algo fixo e estável, relações de contato, principalmente com povos de tecnologia superior, só poderiam desencadear processos de aculturação que conduziriam necessariamente a perdas culturais e à extinção étnica. As relações de contato eram, então, *grosso modo*, vistas como relações de dominação/submissão, na qual uma cultura se impunha sobre a outra, anulando-a. Nessa perspectiva, os índios integrados à colonização, seja como escravos ou como aliados, eram vistos como submissos e aculturados, não constituindo, pois, categoria social merecedora de maiores investigações.

A partir dessa perspectiva, as interpretações sobre as relações de contato eram pensadas com base em dualismos simplistas que estabeleciam rígidas oposições entre índio aculturado e índio puro; aculturação e resistência cultural (entendida esta última como negação dos novos valores culturais impostos); estrutura cultural (fixa, imutável e orientadora do comportamento dos povos primitivos) e processos históricos (responsáveis por introduzir mudanças e conduzir à extinção desses mesmos povos). Esses dualismos foram, em grande parte, responsáveis por abordagens redutivistas que conduziram a visões equivocadas sobre a atuação dos índios nos processos históricos.

A percepção de que os índios em contato com sociedades envolventes caminhavam inevitavelmente para a assimilação predominou até quase os nossos dias, mesmo entre os mais dedicados defensores das causas e dos direitos indígenas. Entre esses, vale citar Florestan Fernandes. O autor procurou desmistificar algumas visões equivocadas da historiografia quanto ao comportamento passivo dos índios face à colonização. Enfatizou a resistência indígena, buscando entendê-la a partir das características da organização social dos tupis, desconstruindo a ideia do baixo nível civilizatório dos índios. Apresentou-os como bravos inimigos dos portugueses que lutaram ardorosamente, mas que, uma vez vencidos, tornaram-se aculturados, submissos e escravizados. Ao perderem a cultura "autêntica", passaram a fazer parte de um outro sistema, no qual eram derrotados e não tinham possibilidades de escolha. Foram bravos, mas perderam e "...o seu heroísmo e a sua coragem não movimentaram a história, perdendo-se irremediavelmente com a destruição do mundo em que viviam" (Fernandes, 1976:72), como destacou o autor. Sem desmerecer o importante trabalho de Fernandes, responsável em desvelar, ainda que com limites, a lógica de funcionamento da sociedade tupinambá, cabe reconhecer que sua abordagem reforçava a concepção de Varnhagen segundo a qual para os "...povos na infância não há história: há só etnografia" (Varnhagen, s/d:42, v. 1).

Essa frase de Varnhagen evidencia claramente o papel reservado aos índios também pelos historiadores. Ainda que distantes dos antropólogos quanto às temáticas analisadas e às formas de abordá-las, comungavam com eles quanto às ideias assimilacionistas a respeito dos índios. Para eles, os índios também eram povos primitivos, espécies de fósseis vivos da humanidade, portadores de culturas autênticas e puras que deviam ser estudados por etnógrafos, antes que desaparecessem. O Instituto Histórico e Geográfico Brasileiro (IHGB), fundado em 1838 com a intenção de criar uma história do Brasil que unificasse a população do novo estado em torno de uma memória histórica comum e heroica, iria reservar aos índios um lugar muito especial: o passado. Nessa história, os índios apareciam na hora do confronto, como inimigos a serem combatidos ou como heróis que auxiliavam os portugueses. Os índios vivos e presentes no território nacional, no século XIX, não eram incluídos. Para eles, dirigiam-se as políticas de assimilação que, desde meados do século XVIII, tinham o objetivo de integrá-los acabando com as distinções entre eles e os não índios, primeiro na condição de súditos do Rei, depois como cidadãos do Império.

Essas formas de compreensão sobre os índios iriam se manter até muito avançado o século XX e eram respaldadas e incentivadas pelas políticas indigenistas. A política assimilacionista para os índios, iniciada com as reformas pombalinas em meados do século XVIII, teve continuidade no Império brasileiro e também na República. Ainda que diferentes legislações garantissem as terras coletivas e alguns outros cuidados especiais para os índios enquanto eles não fossem considerados civilizados, a proposta de promover a integração e extingui-los como grupos diferenciados iria se manter até a Constituição de 1988. Essa foi a primeira lei do Brasil que garantiu aos índios o direito à diferença, marcando uma virada significativa na legislação brasileira. A nova lei, em grande parte influenciada pelos movimentos sociais e indígenas do século XX, veio, na verdade, a sancionar uma situação de fato: os índios, nos anos 1980, contrariando as previsões acadêmicas, davam sinais claros de que não iriam desaparecer.

Até os anos 1970 do século XX, no entanto, a perspectiva pessimista do inevitável desaparecimento dos índios predominava entre os intelectuais brasileiros, incluindo os mais dedicados defensores de seus direitos. Ainda que denunciando violências e lutando por legislações favoráveis aos índios, intelectuais, indigenistas e missionários buscavam, *grosso modo*, apenas retardar um processo visto por eles como irreversível. Os índios, não resta dúvida, iriam desaparecer.

Conquistando um lugar no palco...

Surpreendentemente, as previsões não se cumpriram. Os povos indígenas não desapareceram. Ao invés disso, crescem e multiplicam-se, como demonstram os últimos censos. Tornam-se cada vez mais presentes na arena política brasileira, ao mesmo tempo em que despertam o interesse dos historiadores e lentamente começam a ocupar lugar mais destacado no palco da história. A que se deve esse movimento? O chamado processo de aculturação continua em curso e, deve-se convir, cada vez mais intenso nesses tempos de globalização. Porém ao invés de levar à extinção das diferenças étnicas, parece que tem contribuído para reforçá-las.

O recente episódio envolvendo os conflitos e o julgamento sobre as terras da Reserva Raposa Serra do Sol, em Roraima, é significativo a este respeito. Em dezembro de 2008, cinco povos indígenas (macuxi, wapixana, ingaricó, patamona e taurepang), há 30 anos em disputa pela demarcação de suas terras nessa reserva, tiveram seus direitos defendidos pela advogada indígena Joênia Batista de Carvalho. Índia wapixana, Joênia foi a primeira indígena a defender uma causa no Supremo Tribunal Federal. Acontecimento histórico, nas palavras da própria Joênia, que nos convida a refletir sobre a história dos índios em nosso país. Sem entrar no mérito da questão, cabe assinalar a atuação de Joênia que, formada em direito, atuou como defensora de seu próprio grupo. Participou do ritual do julgamento com a toga que a função exige e com o rosto pintado conforme as tradições de seu povo. Com coragem e determinação, defendeu os direitos dos índios, que acabaram ganhando a causa.

Alguém duvida que ela seja índia? Com certeza, sim. Entre os argumentos contrários à demarcação contínua daquelas terras, inclui-se o argumento de que muitos dos grupos ali envolvidos há muito deixaram de ser índios. Percebe-se, pois, que as disputas políticas por esses direitos envolvem disputas sobre suas classificações étnicas. Ser ou não ser índio implica ganhar ou perder direitos e isso não acontece apenas em nossos dias. Desde meados do século XVIII, disputas políticas em torno de classificações étnicas para assegurar ou não direitos indígenas concedidos pela legislação já ocorriam.

Por ora, para o argumento em questão, importa reconhecer que os movimentos indígenas da atualidade evidenciam que falar português, participar de discussões políticas, reivindicar direitos através do sistema judiciário, enfim, participar intensamente da sociedade dos brancos e aprender seus mecanismos de funcionamento não significa deixar de ser índio e sim a possibilidade de agir, sobreviver e defender seus direitos. São os próprios índios de hoje que não nos permitem mais pensar em distinções rígidas entre índios aculturados e índios puros.

Cabe aqui retomar a questão sobre as mudanças nos instrumentos de análise dos antropólogos e historiadores e reconhecer que, em grande parte, essas mudanças foram e continuam sendo influenciadas pelos movimentos indígenas da atualidade. Afinal, se os índios deveriam desaparecer, conforme as teorias do século XIX e de boa parte do XX, mas, ao invés disso, crescem e multiplicam-se, é hora de repensar os instrumentos de análise. É o que tem sido feito, nas últimas décadas, por historiadores e antropólogos que cada vez mais se aproximam e reformulam alguns conceitos e teorias fundamentais para pensar sobre as relações entre os povos.

Nessa aproximação, os antropólogos passam a interessar-se pelos processos de mudança social, percebendo que seus objetos de estudo não são imutáveis e estáticos, e os historiadores passam a valorizar comportamentos, crenças e cotidianos dos homens comuns, tradicionalmente considerados irrelevantes, bem como a interessar-se por estudos de povos não ocidentais que tiveram importância fundamental em nossa história, tais como os índios e os negros.

A noção de cultura no sentido antropológico, incluindo todos os produtos materiais, espirituais e comportamentais da vida humana, bem como as dimensões simbólicas da vida social têm sido amplamente adotadas pelos historiadores. Em suas análises, valorizam os diferentes significados das ações humanas para entender os processos históricos. Os antropólogos, por sua vez, valorizam os processos históricos de mudança como elementos explicativos e transformadores das culturas dos povos por eles estudados, na medida em que abandonam a antiga ideia de cultura fixa e imutável. Reconhecem que as trajetórias históricas vividas pelos povos são importantes para uma compreensão mais ampla de suas culturas.

Cabe destacar a contribuição fundamental do historiador E. P. Thompsom que enfatizou a importância de se considerar a historicidade da cultura. De acordo com ele, a cultura é um produto histórico, dinâmico e flexível que deve ser apreendido como um processo no qual homens e mulheres vivem suas experiências. O antropólogo Sidney Mintz, comungando tais percepções, destacou a importância de se perceber que um sistema cultural apresenta variabilidade no que se refere às intenções, consequências e significados dos atos escolhidos pelos indivíduos. Pessoas situadas em posições socialmente diferentes podem até agir da mesma forma, mas essas ações muito provavelmente não terão para elas o mesmo sentido, nem tampouco as mesmas consequências. Os homens agem e se relacionam, conforme seus lugares sociais e seus objetivos. Daí a importância de se estabelecer o entrosamento dinâmico entre sociedade e cultura. As estruturas culturais orientam o comportamento dos homens, mas não podem ser vistas como malhas de ferro que não lhes possibilitem agir fora delas.

Dessa forma, processos históricos e estruturas culturais influenciam-se mutuamente e ambos são importantes para uma compreensão mais ampla sobre os homens, suas culturas, histórias e sociedades.

A partir dessas novas concepções teóricas, antropólogos e historiadores têm analisado situações de contato, repensando e ampliando alguns conceitos básicos sobre o tema. A compreensão da cultura como produto histórico, dinâmico e flexível, formado pela articulação contínua entre tradições e novas experiências dos homens que a vivenciam, permite perceber a mudança cultural não apenas enquanto perda ou esvaziamento de uma cultura dita autêntica, mas em termos do seu dinamismo, mesmo em situações de contato extremamente violentas como foi o caso dos índios e dos colonizadores.

Nesse sentido, o conceito de aculturação também se altera e ao invés de se opor à resistência passa a caminhar junto com ela. Desde os anos 1970, esse conceito vem sendo problematizado e visto como processo de mão dupla, no qual todos se transformam. Em nossos dias, as ideias de apropriação e ressignificação cultural têm sido mais utilizadas e realmente são mais adequadas ao estudo de situações nas quais se leva em conta os interesses e motivações dos próprios índios nos processos de mudança. Ao invés de vítimas passivas de imposições culturais que só lhes trazem prejuízos, os índios passam a ser vistos como agentes ativos desses processos. Incorporam elementos da cultura ocidental, dando a eles significados próprios e utilizando-os para a obtenção de possíveis ganhos nas novas situações em que vivem.

O conceito de tradição também tem sido repensado, prevalecendo, hoje, o pressuposto de que ela sempre se modifica ao ser transmitida. Tudo que se transmite é recebido conforme a maneira do recebedor, o que implica em valorizar

Os índios na história do Brasil

mais a apropriação do que a transmissão. No caso da história indígena, trata-se de deslocar o foco da análise dos colonizadores para os índios, procurando identificar suas formas de compreensão e seus próprios objetivos nas várias situações de contato por eles vividas.

Essa tem sido a tendência dos trabalhos das últimas décadas, através dos quais podemos perceber que as atitudes dos índios em relação aos colonizadores não se reduziram, absolutamente, à resistência armada, à fuga e à submissão passiva. Houve diversas formas do que Steve Stern chamou de resistência adaptativa, através das quais os índios encontravam formas de sobreviver e garantir melhores condições de vida na nova situação em que se encontravam. Colaboraram com os europeus, integraram-se à colonização, aprenderam novas práticas culturais e políticas e souberam utilizá-las para a obtenção das possíveis vantagens que a nova condição permitia. Perderam muito, não resta dúvida, mas nem por isso deixaram de agir.

A ideia de que os grupos indígenas e suas culturas, longe de estarem congelados, transformam-se através da dinâmica de suas relações sociais, em processos históricos que não necessariamente os conduzem ao desaparecimento, permite repensar a trajetória histórica de inúmeros povos que, por muito tempo foram considerados misturados e extintos. Não é o caso de desconsiderar a violência do processo de conquista e colonização. A mortalidade foi altíssima, inúmeras etnias foram extintas e os grupos e indivíduos que se integraram à colônia ocuparam os estratos sociais mais inferiores, sofrendo preconceitos, discriminações e prejuízos incalculáveis. Apesar disso, no entanto, encontraram possibilidades de sobrevivência e souberam aproveitá-las.

Como lembrou Jonathan Hill, os grupos sociais humanos, mesmo reduzidos à escravidão e às piores condições, são capazes de reconstituir significados, culturas, histórias e identidades. Os índios integrados misturaram-se muito, não resta dúvida, entre si, e com outros grupos étnicos e sociais. Porém, muitos chegaram ao século XIX ainda afirmando a identidade indígena e reivindicando direitos que a legislação lhes concedia.

Sobre isso, cabe ainda uma breve reflexão sobre o conceito de identidade étnica, também repensado a partir dessas novas perspectivas histórico-antropológicas. Tal como a cultura, a identidade já não é vista como fixa, única e imutável. Ao contrário, é entendida também como construção histórica de caráter plural, dinâmico e flexível. Com base nos trabalhos de Max Weber e, mais recentemente, de Frederick Barth, os estudos atuais sobre etnicidade já não consideram a cultura como elemento definidor de grupo étnico. Ao invés disso, priorizam suas dimensões políticas e históricas. Nos anos 1920, Weber já alertava para o papel da ação política comum como elemento de formação e manutenção do sentimento de comunhão étnica. Barth, no final dos anos 1960, bastante influenciado pelas ideias do primeiro, enfatizava que as distinções étnicas não dependem da ausência de interação social, nem tampouco são destruídas por processos de mudança e aculturação. O autor valorizava também a ação política, o caráter organizacional e o sentimento subjetivo de pertencimento ao grupo como fatores essenciais nos processos de sua formação. Entendem-se, hoje, as identidades como construções fluidas e cambiáveis que se constroem por meio de complexos processos de apropriações e ressignificações culturais nas experiências entre grupos e indivíduos que interagem.

Assim, se os povos indígenas foram capazes de reelaborar, em situações de contato, suas culturas, fizeram o mesmo com suas identidades. Os inúmeros e diferenciados grupos étnicos que habitavam a América tornaram-se todos índios na classificação dos europeus. Identidade genérica e imposta, porém em muitos casos assumida pelos índios como condição que lhes garantia alguns direitos jurídicos. Estudos realizados em diferentes regiões têm revelado as inúmeras possibilidades de reconstrução identitária por parte dos índios.

Do exposto, percebe-se que os movimentos indígenas da atualidade somados aos novos pressupostos teóricos da história e da antropologia conduzem ao abandono de antigas concepções que contribuíram para excluir os índios de nossa história. Os dualismos entre índio aculturado/índio puro, tradição/aculturação, estruturas culturais/processos históricos vão sendo superados, o que permite um outro olhar sobre populações indígenas inseridas nas sociedades coloniais e pós-coloniais.

E (quem diria?) a ação dos índios também move a história...

A partir dessas novas abordagens interdisciplinares, alguns pontos pacíficos da história do Brasil têm sido desmontados e dado lugar a interpretações nas quais os índios surgem como agentes dos processos de mudança por eles vividos. Fontes históricas, algumas já bastante trabalhadas, quando lidas de outra forma revelam realidades distintas das tradicionalmente apresentadas.

De início, convém ressaltar que as relações de contato estabelecidas na América entre europeus e grupos indígenas não devem ser vistas simplesmente como relações entre brancos e índios. Essa abordagem generaliza e simplifica uma questão que é extremamente complexa. Afinal, os grupos indígenas no Brasil eram muitos e com culturas e organizações sociais diversas, que os levavam a comportar-se de diferentes formas em relação aos estrangeiros. Os índios não estavam na América à disposição dos europeus, e se muitos os receberam de forma extremamente aberta e cordial, oferecendo-lhes alimentos, presentes e, inclusive, mulheres, não o fizeram por ingenuidade ou tolice. A abertura ao contato com o outro é uma característica cultural de muitos grupos indígenas americanos e especialmente dos tupis. Outros grupos, no entanto, tinham características culturais distintas e alguns foram bastante arredios e hostis aos estrangeiros, como os aimorés, os muras, os guaicurus e muitos outros.

Por outro lado, os europeus também não devem ser vistos como um bloco homogêneo. Colonos, missionários, bandeirantes, autoridades metropolitanas e coloniais tinham interesses diversos na colônia e não se relacionavam com os índios da mesma forma. Cabe ainda lembrar que a colônia era um mundo em construção, no qual todos se influenciavam mutuamente e se transformavam. Nos primórdios da colonização, ocorridos em épocas variadas conforme as regiões, os portugueses eram extremamente dependentes dos índios, que souberam perceber e usar isso a seu favor, como têm revelado vários estudos.

Além disso, não se pode esquecer a contínua transformação da experiência do contato. Os interesses e objetivos dos vários atores sociais que interagiam na colônia, incluindo os índios, modificavam-se com a dinâmica da colonização e das relações entre eles. Assim, do século XVI ao XIX, os comportamentos e ações dos atores sociais eram impulsionados por motivações que se alteravam e podiam ter significações diversas, conforme tempos e regiões. Deduz-se daí que é praticamente impossível falar de uma história indígena geral do Brasil. Nas últimas décadas, estudos específicos têm se desenvolvido e revelado a amplitude de situações que caracterizaram as trajetórias históricas e as relações dos diversos grupos e indivíduos indígenas em diferentes regiões e temporalidades. A partir desses estudos regionais, no entanto, algumas generalizações são possíveis e até necessárias, principalmente num livro de síntese como este.

Outras contribuições teóricas importantes para o estudo sobre os índios e suas relações partem das revisões historiográficas no âmbito da história política e da história econômica da América e do Brasil. Desde a década de 1970, as interpretações históricas que partiam das metrópoles para explicar a formação e o desenvolvimento das colônias vêm sendo questionadas. As pesquisas atuais priorizam os aspectos internos das sociedades americanas para a compreensão de suas histórias. Enfatizam a importância de se levar em conta os agentes, as instituições e as dinâmicas locais sem desconsiderar as necessárias articulações com as metrópoles. Nesse sentido, estudos regionais de caráter político e econômico têm se multiplicado e evidenciado as inúmeras e necessárias adaptações de normas, leis e projetos metropolitanos nas colônias, conforme as peculiaridades locais.

Entre essas peculiaridades, incluem-se, cada vez mais, as ações dos povos indígenas que deram limites e possibilidades aos projetos coloniais desenvolvidos na América. Um excelente exemplo a respeito disso são as capitanias hereditárias do Brasil. Criadas em 1534, a maioria delas fracassou, em grande parte, pelos ataques de grupos indígenas. As duas capitanias que mais prosperaram, São Vicente e Pernambuco, foram aquelas cujos donatários puderam contar com o apoio inestimável de lideranças indígenas com as quais estabeleceram estreitos laços de aliança. O projeto de catequese da Companhia de Jesus constitui outro exemplo interessante, na medida em que passou por inúmeros ajustes na Província do

Brasil para fazer frente às dificuldades locais, como ressaltou Charlotte de Castelnau-L'Estoile. Essas dificuldades foram, em grande parte, impostas pelos próprios índios.

Do ponto de vista da história política, cabe ainda destacar as atuais tendências teóricas que visam a questionar a ideia de oposição rígida entre dominadores e dominados. A percepção segundo a qual os primeiros exerceriam um controle total sobre os últimos anulando suas possibilidades de ação já não se sustenta. No caso dos índios submetidos à ordem colonial, os documentos têm revelado que eles tiveram possibilidades de agir e fizeram isso. Sua ação fundamentava-se, em grande parte, na própria lei. Isso nos remete a outra questão importante que tem sido valorizada na historiografia contemporânea. Trata-se de repensar o papel das legislações, vistas como resultantes de acordos, negociações e confrontos entre os agentes interessados e suas respectivas capacidades de fazer valer seus interesses. As leis não foram inventadas maquiavelicamente apenas para dominar e oprimir, pois ainda que legitimassem as relações desiguais, elas sempre permitiram mediações. Em outras palavras, as leis sempre deixaram brechas para as reivindicações dos menos favorecidos, e foi nessas brechas que os índios incorporados à colônia agiram, do século XVI ao XIX.

Os documentos analisados com base nessas novas abordagens apresentam índios que mesmo "aculturados" e "dominados", não deixaram de agir, não deixaram de ser índios e, embora por longo tempo ausentes da historiografia, não saíram da nossa história.

Capítulo 2

Os índios na América portuguesa

Tupis e tapuias em tempos de mudança

Não cabe aqui abordar a controvertida questão sobre o número de índios habitantes do Brasil no momento da chegada dos portugueses. As estimativas, de acordo com John Monteiro, podem variar entre 2 e 4 milhões de habitantes. Importa, no entanto, admitir que eram muitos, sobretudo se comparados à reduzida população portuguesa calculada em cerca de 1.500.000 habitantes no século XVI. Importa também assinalar que era uma população extremamente diversificada, com estimativas, segundo Aryon Rodrigues, de mais de 1.000 etnias no tempo da conquista. Em 1994, segundo dados do Cedi/Instituto Socioambiental (ISA), havia 270.000 índios e 206 etnias. No censo de 2001, esses dados subiram para 701 mil índios, evidenciando o crescimento anteriormente apontado. As incertezas desses números não nos impedem de constatar o impacto violento da conquista e da colonização sobre os índios, que resultou em mortalidade altíssima e extinção de centenas de etnias.

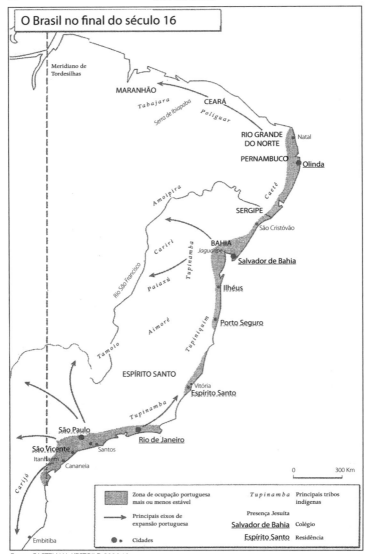

Fonte: CASTELNAL-L'ESTOILE, 2006:46.

E quem eram eles? Difícil questão, se considerarmos a diversidade de grupos etno-linguísticos da América portuguesa cujo conhecimento nos chegou através das descrições limitadas e preconceituosas de cronistas e missionários que, *grosso modo*, não compreendiam bem suas línguas e culturas. Em toda a América, havia inúmeros povos distintos que foram todos chamados índios pelos europeus que aqui chegaram.

Desde cedo, no entanto, os portugueses preocuparam-se em classificar os índios, estabelecendo distinções entre eles. Identificá-los e distingui-los era importante para os objetivos da colonização. Os portugueses fizeram isso de acordo com suas formas de compreensão e com critérios relacionados aos seus interesses. Assim é que os índios foram, em geral, divididos em dois grandes grupos: os aliados dos portugueses e os inimigos. Apesar dos etnocentrismos, preconceitos e confusões que faziam com os vocábulos indígenas, muitos desses narradores do século XVI foram observadores cuidadosos e descreveram o suficiente para permitir que estudos posteriores não só desvendassem, ainda que de forma limitada, a lógica e o funcionamento de algumas dessas sociedades, sobretudo dos tupis, como também classificassem os grupos de acordo com critérios linguísticos, reunindo, em uma classe, povos de mesma origem linguística.

No século XVI, os tupis predominavam ao longo da costa brasileira e na bacia do Paraná-Paraguai. Estabeleceram contato mais estreito com os portugueses e foram os mais bem conhecidos e descritos por eles. Consequentemente, foram também os mais bem estudados por antropólogos e historiadores. De acordo com as classificações etno-linguísticas, o tupi é um dos quatro grandes troncos linguísticos indígenas presentes no Brasil, composto por inúmeros grupos subdivididos em vários subgrupos com línguas e culturas bastante semelhantes.

Não é o caso de aprofundar aqui essa complexa questão, mas importa ressaltar que o quadro de classificações étnicas esboçado a partir das informações dos cronistas e missionários pode comportar, como observou John Monteiro, uma considerável dose de invenção. Como se sabe, a imensa diversidade de grupos étnicos reduziu-se, *grosso modo*, na descrição de cronistas e missionários, ao famoso binômio tupi-tapuia. A palavra "tapuia" na língua tupi quer dizer "bárbaro" e foi utilizada por esse grupo para designar todas as nações estrangeiras. A prática foi adotada também pelos portugueses, que usavam o termo para designar todos os grupos não tupi. Os tapuias eram considerados arredios e de difícil contato. Eram, em geral, definidos em oposição aos tupis e apresentados a partir de características extremamente negativas: eram bárbaros e selvagens, ocupavam os sertões[1] e falavam uma língua estranha e incompreensível. Foram também frequentemente chamados de povos de língua travada.

A considerável homogeneidade linguística e cultural dos tupis facilitou o contato e o conhecimento sobre eles, mas deu margem a descrições simplistas. Muitos cronistas e missionários reconheciam e apontavam as diferenças entre eles, mas tendiam a acentuar as semelhanças. O mesmo se dava com os chamados tapuias. Apesar das generalizações, muitos grupos foram bem conhecidos e retratados. Foi o caso dos kariris, por exemplo. Do tronco linguístico macro-jê e habitantes do sertão do São Francisco, os kariris tiveram seus costumes descritos por jesuítas e capuchinhos que, inclusive, escreveram catecismos em sua língua. Outros grupos também contaram com descrições específicas; nada, porém, comparado à riqueza de informações contidas nos diversos relatos sobre os tupis.

---

[1] Os sertões no período colonial eram os espaços não ocupados pela administração lusa e eram considerados espaços da barbárie, onde habitavam os "índios bravos".

Os avanços nas pesquisas arqueológicas têm evidenciado as intensas interações existentes entre os vários grupos indígenas que habitavam o continente antes da chegada dos europeus. Apesar da escassez e imprecisão de fontes sobre o período, é possível afirmar que eles interagiam e influenciavam-se mutuamente. Longe de terem sido grupos isolados, estabeleciam redes de relações bélicas, culturais e comerciais entre si. Os conhecimentos sobre essas relações ainda são bastante limitados e baseados, em grande parte, em hipóteses a serem comprovadas.

Sobre os movimentos migratórios dos tupis, por exemplo, há muitas controvérsias. Sem intenção de abordar o debate, cabe destacar que a hipótese mais amplamente aceita sugere sua dispersão a partir da bacia Paraná-Paraguai que, de acordo com Alfred Métraux, teria ocorrido pouco antes da conquista. Nesse processo de expansão, os tupis teriam expulsado grupos tapuias da costa brasileira, subdividindo-se em dois grandes subgrupos: os tupinambás, habitantes da região costeira do Ceará até Cananeia, e os guaranis, que dominavam o litoral daí para o sul, estendendo-se pela bacia Paraná-Paraguai. Os guaranis, também chamados carijós, foram, *grosso modo*, catequizados por jesuítas espanhóis e incorporados aos 30 Povos das Missões da Província do Paraguai. Tal qual os tupinambás dividiam-se também em vários subgrupos.

Sobre o termo "tupinambá", cabe ressaltar seu duplo sentido, na medida em que, como destacou Carlos Fausto, pode ser utilizado tanto para designar o grande subgrupo que se distingue dos guaranis e reúne vários subgrupos que habitavam o litoral até Cananeia, como para referir-se especificamente a alguns desses subgrupos, como é o caso dos tamoios no Rio de Janeiro, que eram também chamados tupinambás, e dos tupinambás da Bahia, do Maranhão e de várias outras regiões.

Com diferentes denominações, esses grupos espalhavam-se pelo litoral, distribuindo-se em espaços descontínuos.

A designação dos grupos étnicos é bastante problemática e controvertida, sobretudo se levarmos em conta as dificuldades dos portugueses em identificar e compreender os vocábulos indígenas. Varnhagen já alertava para o problema, destacando que aparecem nos documentos antigos os mesmos povos apelidados por nomes muito diferentes. Refletindo sobre as denominações e seus significados usados pelos tupis para designar a si próprios e aos demais, o autor questiona as divisões étnicas estabelecidas pelos cronistas, revelando que muitas nações passaram a ser assim consideradas a partir de apelidos que lhes eram dados por seus vizinhos, muitas vezes do mesmo grupo. Tais apelidos, convém destacar, variavam conforme o tipo de relação que estivessem vivendo num determinado momento e podiam refletir relações de parentesco ou de aliança e de inimizade. Eram relações flexíveis e fluidas que se alteravam intensamente. Assim, as identidades étnicas apontadas pelos cronistas não devem ser vistas como categorias fixas, uma vez que muitas delas devem ter sido criadas a partir das situações vivenciadas pelos índios e pelos portugueses. Em Pernambuco, por exemplo, os portugueses aliaram-se ao grupo por eles chamado de tabajara, termo usado em tupi para designar os inimigos da mesma origem ou inimigos-cunhados que podiam ser aprisionados nas guerras. No Rio de Janeiro, os temiminós tornaram-se conhecidos a partir das relações amistosas com os portugueses, com os quais se aliaram na luta contra os tamoios. Na verdade, como assinalou Varnhagen, uns e outros deviam pertencer ao mesmo grupo, na medida em que "temiminó" quer dizer "neto" e "tamoio" quer dizer "avô". Tabajaras e temiminós podem, pois, ter passado a existir como etnias a partir do contato com

Os índios na história do Brasil

os portugueses. Estudos recentes têm demonstrado que essas recriações identitárias podiam servir também aos interesses dos índios, que souberam adotá-las e utilizá-las a seu favor, como se verá a seu tempo.

Cabe lembrar, ainda, que na segunda metade do século XVI, quando as descrições sobre os índios tornaram-se mais frequentes e detalhadas, as relações de contato já se faziam há meio século e com certa intensidade há pelo menos duas décadas. Isso evidentemente implicava em mudanças consideráveis em suas culturas, organizações sociais e relacionamentos. As guerras intertribais que, segundo as descrições, ocorriam para dar continuidade aos ódios ditos "ancestrais" já eram, quando descritas, fortemente influenciadas pelos estrangeiros que através delas obtinham seus escravos e direta ou indiretamente as incentivavam. O impacto da presença europeia não se fez sentir apenas sobre as guerras. As relações entre os grupos, com certeza, também se alteraram com tantas novas ameaças (guerras, escravizações, epidemias) e atrações (instrumentos de ferro, armas de fogo, aliados poderosos). Portanto, quando os cronistas diziam que tais índios eram amigos desses e inimigos daqueles, talvez não percebessem a influência que eles próprios já exerciam sobre essas relações e, com frequência, equivocavam-se ao utilizar tais relações como elementos definidores de características dos grupos indígenas que procuravam identificar.

São imensas, portanto, as limitações para o conhecimento das etnias e das sociedades ameríndias no período anterior à conquista. Apesar disso, a partir das informações produzidas por cronistas e missionários, alguns autores, entre os quais Florestan Fernandes, Alfred Métraux e, mais recentemente, Eduardo Viveiros de Castro e Manuela Carneiro da Cunha, realizaram estudos que nos permitem desvendar algumas lógicas socioculturais dos grupos tupis que são essenciais para entendermos as relações por eles estabelecidas com os europeus.

Guerras e trocas entre os tupinambás

Ao analisar a função social da guerra entre os tupinambás (entendidos aqui como o grande subgrupo tupi que inclui vários outros), Florestan Fernandes considerou-a elemento básico na organização e reprodução social dos grupos. Ela construía sentido e coesão social. De sua preparação ao desfecho, com o sacrifício do prisioneiro, envolvia não apenas todos os membros da aldeia, como também os aliados circunvizinhos que, se não participavam diretamente da guerra, eram convidados para a grande festa que culminava no ritual antropofágico. Era principalmente através da guerra que os chefes exerciam e confirmavam seu prestígio junto ao grupo. Cabia a eles incentivar seus seguidores ao empreendimento guerreiro que, além de trazer honra e glória, reforçaria os laços de solidariedade entre os elementos do próprio grupo e seus aliados de fora.

A principal motivação para a guerra intertribal era, segundo os relatos, o ritual da vingança. Para realizá-lo, os inimigos deviam ser capturados e mantidos em cativeiro por certo tempo, até serem executados na cerimônia antropofágica. O relato mais detalhado sobre isso foi feito por Hans Staden, mercenário alemão que, lutando ao lado dos portugueses, caiu prisioneiro dos tupinambás. Permaneceu entre eles por oito meses, tendo finalmente escapado e relatado suas experiências com riqueza de detalhes.[2]

---

[2] Sua obra foi publicada na Europa ainda no século XVI, tendo sido amplamente divulgada. Seu relato já serviu de base para o roteiro de dois filmes brasileiros ("Como era Gostoso meu Francês" [1970] e "Hans Staden" [1999]).

Fazer prisioneiros e executá-los segundo o ritual estabe-lecido, comendo-os e compartilhando-os com os demais gru-pos aliados, era para os grupos tupinambás a confirmação de relações de ódio e de aliança. Tais relações se estendiam pe-los grupos circunvizinhos, na medida em que os convidados regressavam às suas aldeias com pedaços da carne do inimi-go para serem repartidos com seu próprio grupo. Dessa for-ma, todos participavam da comemoração, estreitando laços e garantindo a continuidade das alianças e dos ódios futuros. Como enfatizou Viveiros de Castro, a execução do inimigo não satisfazia nem finalizava a vingança, mas confirmava os ódios que deveriam continuar. A vingança era, pois, interminável. Intermináveis, portanto, deveriam ser também as relações de inimizade. Assim, a vontade de vingar-se movia a sociedade tupinambá e, portanto, os inimigos eram indispensáveis para a continuidade do grupo, como afirmaram Viveiros de Castro e Carneiro da Cunha. Havia uma cumplicidade entre os inimi-gos que se perpetuava no tempo. O próprio diálogo do ritual de execução confirma essa ideia, pois carrasco e vítima justi-ficavam seu papel fazendo referências às vinganças passadas e futuras, respectivamente. O executor dizia: "Sou aquele que te matará, pois você e seu povo mataram e comeram muitos dos meus amigos". Ao que o prisioneiro respondia: "Quando morrer ainda haverá muitos para vingar a minha morte".

Assim, a relação com o outro, tão fundamental na cul-tura tupinambá, se expressava principalmente por meio da guerra e do ritual de vingança. Mas fazia-se também através do escambo e do casamento. A troca de objetos entre os gru-pos tupis era comum e podia envolver também grupos rivais que interrompiam as hostilidades para efetuar as trocas. Os casamentos solidificavam relações e ampliavam o poder dos guerreiros que, quanto mais cunhados e genros tivessem, mais poderosos se tornavam. Ter muitas mulheres era, pois, um fator de prestígio e poder nessa sociedade. O guerreiro que capturava inimigos e os executava no cerimonial acima citado ganhava, entre outras honrarias, o direito de obter mais uma mulher.

Os tupinambás não pretendiam dominar nem negar o outro, mas vivenciá-lo, relacionando-se intensamente com ele. Daí a receptividade e abertura ao contato que tanto surpreendeu os europeus e possibilitou a colonização. Tratava-se, afinal, de uma sociedade na qual a troca era um valor a ser sustentado, característica fundamental que deve ser considerada quando interpretamos suas relações de contato com os estrangeiros.

Os primeiros contatos

Os europeus inseriram-se nessas relações intertribais. Na condição de aliados ou inimigos, tinham um papel a desempenhar na sociedade tupinambá. Desde então, suas histórias e guerras estariam entrelaçadas. A conquista e a colonização passaram a ser também histórias dos índios que nelas participaram intensamente, atribuindo a elas significados próprios. Esses significados ligavam-se às suas tradições, porém modificavam-se, junto com elas, pelas experiências do contato. A abertura ao outro, a fluidez e instabilidade das relações, as guerras intertribais e muitos outros aspectos de suas culturas tomavam novas dimensões nas situações de contato.

O tratamento especial concedido a alguns degredados portugueses, como João Ramalho em São Paulo e Caramuru na Bahia, evidencia a abertura e a confiança com que os tupinambás recebiam os estrangeiros, incluindo-os entre os seus sem distinção nem preconceito. Os dois personagens citados são conhecidos na historiografia pelo apoio essencial que deram ao estabelecimento dos portugueses em suas respectivas regiões. Ambos se casaram com as filhas de grandes chefes guerreiros e se tornaram lideranças importantes nos grupos indígenas nos quais se inseriram (os tupiniquins em São Paulo e os tupinambás na Bahia). Convém considerar, no entanto, que a posição de destaque por eles alcançada nos respectivos grupos deve-se, sem dúvida, a seu comportamento meritório, conforme as regras e costumes dos grupos. Afinal, muitos degredados vieram ter às costas brasileiras e ao invés de tornarem-se grandes líderes, acabaram executados nas cerimônias antropofágicas. Os chefes indígenas tinham seu poder baseado no prestígio e só eram obedecidos pela vontade de seus liderados. Isso evidencia terem os citados degredados realmente incorporado os novos costumes. Caso contrário, dificilmente seriam tão bem aceitos e muito menos manteriam a posição de liderança. Assim, é instigante perceber também a abertura desses europeus em relação aos costumes dos índios. Considerada selvagem por alguns, a vida entre os índios podia ser atraente para outros. Cabe ainda constatar que João Ramalho e Caramuru tornaram-se personagens históricos essenciais no processo da conquista graças ao papel que foi conferido a eles pelos grupos indígenas. Tornaram-se importantes porque agiam como índios e estes, ironicamente, acabariam por ocupar lugar secundário em nossa história.

Nas três primeiras décadas do século XVI, a presença portuguesa na costa era esporádica. As relações com os índios não eram ainda muito intensas e traumáticas, porém já contribuíam para alterar seus relacionamentos e organizações sociais. Nesse período, a principal riqueza da colônia era o pau-brasil e os franceses frequentavam a costa quase ou tão intensamente quanto os portugueses. Havia rivalidades entre eles e ambos estabeleciam com os índios relações de troca ou escambo. Dependiam dos índios para tudo. Estes, por sua vez, aliavam-se e trabalhavam conforme seus interesses. É comum encontrar na literatura a ideia de que os índios, por ingenuidade ou tolice, trabalhavam duro para fornecer valiosos produtos aos europeus que, em troca, ofereciam bagatelas e bugigangas. Cabe desconstruir essa concepção, levando em conta as diferenças culturais e os interesses diversos envolvidos nessas relações. As trocas, os casamentos e as guerras tinham importância fundamental para os tupinambás, de forma que suas relações não devem ser vistas apenas pela lógica econômica. Embora eles tivessem grande interesse nas mercadorias dos europeus, suas relações com estes últimos significavam também oportunidades de ampliar relações de aliança ou de hostilidade.

Além disso, os variados objetos de troca tinham diferentes valores e significados para os grupos envolvidos. Se objetos valiosos para os europeus podiam ser trocados por bagatelas pelos índios, estes, por sua vez, exigiam muito pelo que consideravam raro e valioso. Uma velha, por exemplo, queria um canhão grande em troca de seu papagaio. Penas de pássaros e papagaios adestrados eram objetos raros e valiosos para os índios. Seu principal interesse voltava-se para as armas de fogo e instrumentos de ferro. Os europeus, além da preciosa madeira, precisavam de alimentos, escravos, mulheres, papagaios etc. Os escravos eram os prisioneiros dos grupos aliados que os trocavam por mercadorias europeias. Essa prática, chamada resgate, acabou tendo efeitos muito negativos, pois as guerras intertribais se intensificaram para atender aos apelos dos europeus por escravos, e os índios reclamavam da perda de seus cativos para o sacrifício.

Os franceses agiam de forma diversa dos portugueses na organização das atividades do escambo. Ao invés de fundarem feitorias, deixavam um intérprete entre os índios que se encarregava de organizar o trabalho e abastecer os navios, quando chegavam à costa. Tal situação permitia relações bastante amistosas com os índios, com os quais trocavam armas de fogo, prática proibida entre os portugueses. Tinham, conforme os relatos, maior tolerância com os costumes indígenas e não foram poucos os que os adotaram.

Era, enfim, um período de muitas mudanças, embora os conflitos não fossem tão acentuados dadas as motivações das partes envolvidas nas trocas, muito diferentes das do momento posterior, quando se deu a ocupação efetiva da terra. No entanto, mesmo esse contato esporádico já era desestruturador e introduzia alterações significativas na organização social dos índios e consequentemente nas motivações e interesses que orientavam seus contatos com os europeus. A presença dos estrangeiros e as crescentes rivalidades entre eles, que se faziam, inclusive, pela aliança com os grupos indígenas, influenciavam as relações intertribais destes últimos. O interesse pelas ferramentas e armas europeias tinha o efeito de aumentar a competitividade entre os grupos, que não só ampliavam suas guerras para satisfazer o interesse dos europeus por escravos, obtendo em troca deles as cobiçadas mercadorias, como ainda lutavam entre si pelo acesso a elas.

Se os europeus cedo compreenderam as relações de hostilidade entre os índios da costa brasileira e utilizaram-se delas em proveito próprio, o mesmo pode-se dizer em relação aos índios. Além disso, eles perceberam também o impacto negativo dessas alianças. As infinitas traições por parte dos portugueses levaram-nos a mudar de lado inúmeras vezes, aumentando a instabilidade e fluidez já características em suas relações. As doenças contagiosas, ainda que pouco documentadas antes da década de 1550, já ocorriam desde os primeiros contatos. As guerras intertribais se intensificavam pelo interesse dos portugueses. Tudo isso contribuía para desestruturar a organização social dos índios e já causava um considerável aumento de mortalidade. Os índios iam se tornando mais desconfiados, arredios e hostis.

A partir da década de 1530, a ocupação mais sistemática da colônia, com a criação de vilas e das capitanias hereditárias, iria acentuar consideravelmente os conflitos e as hostilidades entre os índios e os europeus. Os portugueses, que continuavam extremamente dependentes dos índios, procuraram manter o escambo para as atividades de lavoura, mas esbarravam em dificuldades cada vez maiores. As exigências de ritmo de trabalho na agricultura e nos engenhos que começavam a se estabelecer eram muito mais acentuadas e desagradavam aos índios. Afinal, eles trabalhavam movidos por seus próprios interesses, e quando as exigências começaram a ir além do que estavam dispostos a dar, passaram a recusar o trabalho.

De acordo com Alexander Marchant, enquanto aumentavam as disputas dos portugueses pelo trabalho dos índios, estes, já satisfeitos, com as ferramentas obtidas, dispunham-se cada vez menos a colaborar. Ao utilizar instrumentos de ferro, os índios produziam mais em menos tempo, o que os levava a reduzir as horas de trabalho. De acordo com a lógica de suas sociedades, não iam trabalhar mais para acumular e aproveitavam o tempo livre para outras atividades. Além disso, a agricultura entre os tupinambás era atividade feminina, o que tornava esse tipo de trabalho pouco atraente para eles. Fatores culturais, portanto, contribuem também para explicar o esgotamento das relações de escambo, como destacou Stuart Schwartz.

A alternativa dos portugueses, cuja necessidade de mão de obra só fazia aumentar, foi partir para a escravização em larga escala, o que levou à violenta reação por parte dos índios. Conflitos violentos entre diferentes povos indígenas e europeus de nacionalidades diversas explodiram em várias regiões. As guerras intertribais, que já se intensificavam por efeitos do contato, atingiriam proporções inusitadas. As rivalidades entre os grupos europeus eram percebidas pelos índios que se posicionavam em relação a elas, buscando também alianças que satisfizessem seus interesses. Porém, nesse processo, polarizavam suas próprias hostilidades. Em toda a costa, os vários grupos indígenas enfrentavam-se, aliavam-se e dividiam-se em torno das rivalidades entre os estrangeiros que também disputavam suas alianças. Iam e vinham de um lado para o outro, como já era seu costume, porém os poderes coloniais institucionalizavam tais divisões em militarismos, acentuando-as. Em *Ouro Vermelho*, John Hemming nos dá a dimensão dos inúmeros e sangrentos conflitos que envolveram a ocupação do território brasileiro.

Capítulo 3

Guerras indígenas e guerras coloniais/pós-coloniais

A conquista do território na América portuguesa não foi absolutamente pacífica. As várias regiões do continente foram ocupadas após combates violentos contra os povos indígenas. Além da presença estrangeira constante e ameaçadora, as guerras tinham como alvo os índios hostis que, do século XVI ao XIX, desafiavam ou mesmo impediam a expansão das fronteiras portuguesas. Foram eles os principais responsáveis pelo malogro da maioria das capitanias, no século XVI.

As guerras coloniais se misturavam às guerras indígenas, na medida em que se faziam com índios aliados contra índios hostis. Europeus de nacionalidades distintas e índios de diferentes etnias lutavam como aliados numa mesma guerra, porém tinham motivações diversas, que se alteravam, conforme as circunstâncias e a dinâmica das relações. Os índios foram, sem dúvida, os maiores perdedores, porém souberam também valer-se das hostilidades entre os europeus e obter seus próprios ganhos a partir delas.

No século XVI, o auge das guerras indígenas ocorreu na costa brasileira entre as décadas de 1530 e 1560, quando os povos nativos reagiram violentamente ao incremento das escravizações forçadas para atender às necessidades da colonização mais sistemática iniciada com as capitanias hereditárias. A criação do governo geral veio atender à necessidade da Coroa em manter a soberania sobre a colônia contra os ataques estrangeiros e, principalmente, em submeter os índios inimigos e integrar os aliados. O Regimento do primeiro governador-geral, Tomé de Souza, já incluía as diretrizes básicas da política indigenista que, *grosso modo*, iria se manter durante todo o período colonial. Recomendava a guerra justa para os índios inimigos que, uma vez vencidos, se tornariam escravos; e os aldeamentos para os aliados.

Com Tomé de Souza, vieram os seis primeiros jesuítas que, chefiados por Manoel da Nóbrega, tornaram-se responsáveis pelo estabelecimento das aldeias coloniais. Sua principal função seria a de reunir os índios aliados em grandes aldeias próximas aos núcleos portugueses nas quais iriam se tornar súditos cristãos para garantir e expandir as fronteiras portuguesas na colônia. Era preciso manter os índios aliados e derrotar os inimigos de forma a seguir adiante com o projeto da colonização.

Isso se fez às custas de inúmeras guerras bastante violentas que se estenderiam até o século XIX. Algumas delas tomaram grande vulto e alcançaram vastas extensões territoriais, tendo envolvido enormes contingentes militares e grupos indígenas variados. Além dessas, houve inúmeras outras guerras de resistência localizada e cotidiana de vários grupos indígenas que se recusavam a colaborar com os portugueses. Ocorriam, *grosso modo*, nas fronteiras internas da colônia, nos sertões, onde habitavam os "índios bravos". Do século

Os índios na história do Brasil

XVI ao XIX, esses "índios bravos" não apenas defendiam seus territórios, desafiando a expansão territorial portuguesa, como ainda faziam incursões guerreiras sobre regiões já ocupadas. Contra eles, eram enviadas as bandeiras, expedições armadas que, além dos metais preciosos, buscavam principalmente índios que seriam vendidos como escravos. Muitas dessas expedições armavam-se com o objetivo explícito de punir grupos hostis.

Alguns desses grupos foram especialmente aguerridos e tornaram-se bastante conhecidos pelas descrições extremamente negativas e estereotipadas, como os caetés, os potiguaras, os goitacazes e os terríveis aimorés que, a partir do século XVIII, foram sendo chamados de botocudos. Os dois primeiros eram tupis e os demais incluíam-se, como tantos outros, entre os chamados tapuias. Tupis e tapuias podiam agir como aliados ou como inimigos, estabelecendo entre si e com os estrangeiros relações fluidas e instáveis. Aldeias de um mesmo grupo também, não raramente, se subdividiam em facções, apoiando ora uns, ora outros. Além disso, grupos inimigos podiam também se unir para combater um adversário comum. Essas práticas eram frequentes entre os mais diversos grupos indígenas e, com certeza, se acentuaram consideravelmente, desde o século XVI, quando os europeus passaram a se inserir em suas relações.

Sem compreender bem as razões culturais dos índios e sem perceber o forte impacto de suas próprias ações traiçoeiras sobre as instáveis relações dos índios, os europeus, com frequência, os descreviam como traidores e inconstantes. Não entendiam como mudavam de um lado para o outro e como interrompiam guerras para comerciar, tanto com outros índios, como com europeus de diferentes nacionalidades. A complexidade das relações entre grupos indígenas aliados e inimigos, principalmente em regiões de fronteira, tem sido evidenciada por pesquisas regionais que questionam a ideia de oposição rígida entre os variados atores. Índios de diferentes etnias e não índios (missionários, bandeirantes, soldados, colonos pobres, escravos negros, quilombolas etc.) desenvolviam múltiplas formas de interação que passavam de relações de conflitos intensos para acordos, mediações, trocas comerciais e culturais.

A instabilidade das relações acentuava-se, com certeza, nas situações de guerra, levando os índios a mudar de lado conforme interesses e possibilidades. Entre os chamados "mansos", isso era bastante comum, dadas as inúmeras traições dos portugueses e as difíceis situações que enfrentavam, entre as quais as epidemias, tão frequentes nas aldeias. Não foram poucos os aliados que retornaram aos sertões, passando a realizar ataques esporádicos às suas antigas aldeias.

Convém lembrar que, no século XVI, a dependência dos portugueses em relação aos índios era praticamente total e a política de alianças era indispensável. As capitanias bem sucedidas tiveram apoio dos índios e as demais fracassaram principalmente devido aos seus ataques. A superioridade tecnológica das armas europeias não é absolutamente suficiente para explicar a vitória de um punhado de portugueses contra milhares de povos guerreiros, principalmente se levarmos em conta as limitações técnicas da época. A conquista do território só se explica pelas alianças que os portugueses puderam estabelecer com os índios.

A escolha de São Vicente como núcleo inicial da colonização baseou-se, como destacou John Monteiro, principalmente na cooperação segura e confiável dos tupiniquins liderados por Tibiriçá sob a forte influência de seu genro João Ramalho. Este era o já citado degredado português que alcançara posição de destaque e liderança entre os tupiniquins, graças ao casamento com a filha do grande chefe Tibiriçá. Sua presença, com certeza, garantiu aos portugueses a segurança necessária para dar início ao povoamento português. Os índios, por sua vez, passaram a contar com poderosos aliados nas guerras contra seus próprios inimigos. Mais tarde, alguns grupos tupiniquins iriam se rebelar contra os portugueses, enquanto o grupo liderado por Tibiriçá manteria a aliança. A fluidez das relações entre os tupiniquins aparece em vários relatos aparentemente controversos. Inconstâncias e dissidências ocorriam em várias regiões e intensificavam-se com o incremento das guerras. No século XVI, na costa brasileira, franceses e portugueses disputavam, além das riquezas da terra, a imprescindível aliança com os nativos. O vaivém dos vários grupos indígenas entre acordos e confrontos entre si e com os estrangeiros foi intenso.

A conquista da capitania de Pernambuco e suas anexas

A capitania de Pernambuco só prosperou depois de muitos enfrentamentos. O principal desafio vinha dos potiguaras e caetés. Eram ambos grupos tupis e, embora rivalizassem entre si, associavam-se aos franceses, que incentivavam suas hostilidades contra os portugueses. Os caetés foram violentamente perseguidos, após ter sido decretada guerra justa contra eles, em 1562, como punição por terem matado e comido o bispo D. Pero Fernandes Sardinha e seus companheiros de naufrágio. Os abusos e excessos dos colonos que, ávidos por escravos, matavam ou aprisionavam muitos caetés, incluindo os habitantes de aldeias jesuíticas, levou o próprio Mem de Sá a revogar a medida. As perseguições, no entanto, não terminariam. A lei de 1570, por exemplo, proibia a escravização indígena, abrindo amplas possibilidades para que ela se mantivesse. Legitimava o cativeiro dos "tomados em guerra justa", com licença do Rei ou do Governador, ou daqueles que "...costumam saltear os portugueses, e a outros gentios, para os comerem; assim como são os que se chamam aimorés e outros semelhantes" (MALHEIRO, 1976:173 apud BEOZZO, 1983:16). Quanto aos potiguaras, também foram descritos de forma muito negativa, embora inicialmente tivessem recebido bem os portugueses na capitania de Itamaracá. Não tardaram, no entanto, a voltar-se contra eles pelas razões costumeiras: as escravizações abusivas e as violências desencadeadas na década de 1540.

Assim, os portugueses enfrentavam ao norte os potiguaras e ao sul os caetés, contando com o auxílio inestimável dos tabajaras. Estes eram também tupis e viviam em guerra com os primeiros e com vários grupos tapuias, com os quais, às vezes, tinham períodos de paz, como destacou Fátima Lopes. As relações entre portugueses e tabajaras foi sedimentada pelo casamento de Jerônimo de Albuquerque, cunhado do donatário Duarte Coelho, com a filha do grande chefe Arco Verde. Essas relações foram essenciais para assegurar o domínio dos portugueses sobre Pernambuco. O importante papel dos índios na construção dessa capitania evidencia-se no seu próprio traçado geográfico que, no século XVI, segue a linha das aldeias indígenas aliadas, conforme revelou Bartira Barbosa.

Estabelecidos em Pernambuco e contando com o prestimoso auxílio dos tabajaras, os portugueses prosseguiram a expansão, matando e escravizando milhares de índios. Não tardariam, no entanto, a desagradar aos próprios aliados, que acabaram se voltando contra eles. A tentativa frustrada dos portugueses de escravizar Piragibe, grande chefe tabajara, e seus guerreiros, que haviam prestado valorosos serviços nas entradas no sertão do São Francisco, resultou em violenta reação contra eles. Além de matarem e comerem os portugueses, os índios soltaram os cativos e fugiram para a Paraíba, onde se aliaram aos antigos inimigos potiguaras. Tabajaras e potiguaras uniram-se, então, para combater os portugueses.

O revide português não se fez esperar e foi bastante violento. As boas relações dos potiguaras com os tabajaras não duraram muito e estes últimos restabeleceram a aliança com os portugueses. Os combates prosseguiram pela conquista da Paraíba e do Rio Grande (atual Rio Grande do Norte) e após violentos combates, os potiguaras acabaram, como tantos outros, optando pelo mal menor: o acordo com os portugueses. Segundo Fátima Lopes, foram vários acordos estabelecidos separadamente com os chefes indígenas de diferentes aldeias. A paz foi ratificada com os potiguaras da Paraíba, em 1599, na cidade de Filipeia de Nossa Senhora das Neves (hoje João Pessoa) em cerimônia na qual, além das autoridades das três capitanias (Pernambuco, Paraíba e Rio Grande) compareceram os chefes indígenas Braço de Peixe (Piragibe), Braço Preto, Pedra Verde e os Potiguaras Pau Seco e Mar Grande.

No fim da década de 1590, de acordo com Lopes, estavam conquistadas as terras das capitanias da Paraíba e do Rio Grande. Os potiguaras, após os acordos com os portugueses, passaram a auxiliá-los na conquista de outros territórios em regiões mais distantes, tais como Ceará, Serra de Ibiapaba, Maranhão etc. Conforme a autora, além das conquistas, esses índios participavam também de expedições punitivas contra índios que, já inseridos no mundo colonial, se revoltavam. Guerreiros potiguaras comandados pelo Principal Zorobabé foram enviados à Bahia para enfrentar os aimorés sublevados, entre 1602 e 1604. Convém lembrar que os índios participavam dessas expedições também movidos por seus próprios interesses.

A instigante atuação de Zorobabé após um combate vitorioso em um quilombo na Bahia não deixa dúvidas a respeito disso. De acordo com John Hemming, submetido o mocambo, poucos escravos negros foram devolvidos aos seus donos "... porque os gentios mataram muitos e o Zorobabé levou alguns que foi vendendo pelo caminho para comprar uma bandeira de campo, tambor, cavalo e vestidos com que entrasse triunfante na sua terra" (Hemming, 2007:260). Segundo Frei Vicente de Salvador, o Principal queria ser saudado também por Piragibe (o grande chefe tabajara), que teria, no entanto, se recusado a ir prestigiar o colega, alegando que, exceto em tempo de guerra, só esperava no caminho as mulheres. Como Zorobabé não era mulher e não vinha para lutar, não se levantaria de sua rede para ir saudá-lo. Instigante narrativa que reafirma a competição entre os líderes por reconhecimento e honra entre si e entre os seus comandados, bem como a apropriação dos símbolos de prestígio do mundo europeu. A ausência de Piragibe na saudação não impediu o momento de glória de Zorobabé. Segundo Hemming, os potiguares "...se postaram na beira do caminho que levava à aldeia, numa fileira que se estendia por muitos quilômetros". O grande chefe "entrou nela com seu belo traje, montado no seu cavalo, precedido por um porta-estandarte e (...) 'um índio valente com espada nua [desembainhada], esgrimindo e fazendo afastar a gente que era inumerável'" (Hemming, 2007:260-261). Demasiado prestígio, no entanto, despertou suspeitas entre os portugueses, e Zorobabé acabou sendo aprisionado e enviado a Lisboa. Embora o desfecho do episódio tenha sido desfavorável, não há como negar que o grande chefe soube valer-se da aliança com os lusos para crescer e se fortalecer diante dos seus pares e dos seus comandados.

Várias outras lideranças fizeram o mesmo, o que reafirma a questão anteriormente colocada sobre as mudanças de motivações e interesses dos índios em situações de contato. Os próprios critérios de liderança deviam também se alterar conforme os contextos vividos. Os índios perdiam muito, não resta dúvida, mas aproveitavam os possíveis ganhos nas situações violentas com que se deparavam. Passavam a valorizar novos símbolos de poder associados aos portugueses, tal como fizera Zorobabé.

Os índios potiguaras iriam, ainda, nos séculos seguintes, exercer importantes papéis nas guerras coloniais. Por ocasião da invasão holandesa, dividiriam seu apoio entre os portugueses e os holandeses. A divisão do grupo entre as alianças com uns e outros tem sido bastante explorada em estudos recentes, demonstrando que, apesar dos imensos prejuízos, os índios agiam a partir de suas próprias compreensões e interesses. A rica correspondência entre Felipe Camarão, Pedro Poti e Antonio Paraupaba, líderes potiguaras que se posicionaram em campos diversos (o primeiro foi aliado fundamental para os portugueses e os dois últimos para os holandeses) demonstra a consciência desses índios sobre a força dos seus aliados e o papel que eles próprios tinham a desempenhar em suas guerras, com os possíveis ganhos aí associados. Finalizada a guerra contra a Holanda, muitos índios se refugiaram na Serra de Ibiapaba, onde alguns anos depois, por iniciativa do padre Antonio Vieira, seria estabelecida uma grande aldeia jesuítica. Os índios de Ibiapaba iriam se tornar baluartes de defesa da região e seus líderes iriam, até bem avançado o século XVIII, usufruir de considerável poder de barganha devido a essa condição.

A conquista da capitania da Bahia, Ilhéus e Espírito Santo

Na Bahia, no século XVI, os portugueses foram inicialmente bem recebidos pelos tupinambás, influenciados pelo conhecido Caramuru, que alcançara grande prestígio entre os índios, porém os conflitos não tardaram em consequência das escravizações indevidas, abusos e traições. Em reação, os índios expulsaram os portugueses que, indo para o sul, foram bem acolhidos pelos tupiniquins, para logo retornarem diante da informação de que os tupinambás, por intermediação de Caramuru, estariam dispostos, novamente, a recebê-los. Surpreendidos, no entanto, por um naufrágio, foram todos mortos e comidos, com exceção de Caramuru. Em 1549, talvez de novo influenciados por Caramuru, os tupinambás deram boas-vindas ao primeiro governador geral, Tomé de Souza. Essa paz, no entanto, mais uma vez não seria duradoura. O terceiro governador geral, Mem de Sá, ao chegar à Bahia, não teve a sorte de seu antecessor. Encontrou os tupinambás em pé de guerra e não teve dúvidas sobre a necessidade de aniquilá-los.

Os tupiniquins da capitania de Ilhéus que, por sua vez, tinham recebido bem os portugueses, não tardaram a mudar de atitude. As doenças importadas, o trabalho extenuante, as escravizações e atitudes traiçoeiras dos portugueses logo os levaram a voltar-se contra eles. No decorrer da década de 1550, desencadearam forte reação contra os antigos aliados. Para o seu grande azar, no entanto, sua revolta ocorreu quando Mem de Sá já havia vencido os tupinambás, que passaram a auxiliá-lo na guerra contra eles. Paralelo às campanhas militares, o terceiro governador impunha novas regras aos índios aliados, ao mesmo tempo em que os reunia em grandes aldeias, satisfazendo o projeto dos jesuítas. Nóbrega e Anchieta exultavam com a nova política que enchia as aldeias de índios. Aterrorizados com a situação de guerra enfrentada nos sertões, eles pediam a paz e se aldeavam. Assim, num espaço de aproximadamente 10 anos, o terceiro governador conseguiu

Os índios na história do Brasil   55

submeter índios hostis que, na década de 1550, combatiam violentamente entre o sul da Bahia e o Rio de Janeiro.

O massacre de Mem de Sá contra os tupiniquins de Ilhéus contou com o auxílio de seus antigos inimigos tupinambás que, uma vez vencidos, passaram a engrossar as fileiras das suas tropas. Foi um verdadeiro banho de sangue relatado por vários cronistas. Gabriel Soares de Souza referiu-se a mais de 30 aldeias queimadas, enquanto Frei Vicente de Salvador falou em 70 e, de acordo com um jesuíta, teriam sido 160. Muitos índios foram mortos, outros fugiram para o sertão, mas houve também aqueles que ingressaram nas aldeias jesuíticas, passando a compartilhar com antigos inimigos novas possibilidades de sobrevivência na colônia.

Essas guerras do sul da Bahia foram se estendendo e preparando o caminho para a grande guerra pela conquista da Guanabara, que envolveria enormes contingentes indígenas e europeus. Entre a baía de Todos os Santos e a baía de Guanabara, estendia-se uma longa faixa costeira de 750 milhas dividida por D. João III em quatro capitanias (Ilhéus, Porto Seguro, Espírito Santo e São Tomé) que, nas décadas de 1540 e 1550, foram palco de violentas guerras entre os índios e os colonizadores.

Nas capitanias do Espírito Santo e de São Tomé, os índios não davam trégua aos colonos. Na primeira, os goitacazes e os tupiniquins aliaram-se e mataram o representante do donatário, queimaram engenhos e destruíram a cidade, obrigando os colonos a abandonar a capitania, de forma que, em meados de 1550, apenas um pequeno grupo de colonos ali sobrevivia. Um pouco mais ao sul, na pequena capitania de São Tomé, os goitacazes eram os terríveis e principais inimigos dos colonos que os impediam de se estabelecer na região. Índios de língua jê, portanto tapuias, e pouco conhecidos dos portugueses, eram descritos com características extremamente negativas: ferozes, bárbaros e cruéis.

Convém atentar, no entanto, que tais características foram construídas, desenvolvidas e assumidas pelos colonizadores e índios no processo histórico de suas relações de contato. De início, os goitacazes colaboraram com os portugueses, tendo contribuído para um bom início da capitania doada a Pero de Góis. Iriam se tornar ferrenhos inimigos dos portugueses após a traição do comerciante Henrique Luís, que convidou o chefe goitacá a visitar seu navio e o aprisionou exigindo resgate. O pagamento não o impediu de entregar o chefe a grupos rivais para a execução ritual. Enraivecidos, os goitacazes destruíram os estabelecimentos da pequena capitania e derrotaram todas as expedições contra eles enviadas. A capitania não mais se recuperou, apesar dos esforços de Pero de Góis. Os goitacazes adquiriram reputação de ferozes e invencíveis, reputação essa que talvez tenha contribuído para que eles obtivessem algumas décadas de sossego a mais, já que a grande investida contra eles só se daria no início do século XVII.

Convém atentar aqui novamente para as possíveis mudanças de comportamentos, características e identidades muitas vezes inicialmente dadas pelos colonizadores, porém assumidas pelos grupos indígenas, conforme as circunstâncias históricas e por forte influência do contato com os estrangeiros. Se para alguns grupos indígenas a sobrevivência estava na aliança com os europeus, para outros ela podia estar no enfrentamento e na construção de uma imagem terrificante que tinha o efeito de despertar o medo nos inimigos e mantê-los distantes, pelo menos por um certo tempo. A fama de bárbaros, cruéis e implacáveis inimigos construída por colonizadores e índios deve, sem dúvida, ter servido, de alguma forma, aos goitacazes, que acabariam fazendo jus, segundo os informes, a esses qualificativos. Afinal, combateram os colonos enquanto puderam. Uma vez vencidos, voltariam a colaborar com os portugueses, aldeando-se e buscando novas alternativas para sobreviver na colônia. Conquistadas essas regiões, estava aberto o caminho para a grande investida contra os tamoios e os franceses no Rio de Janeiro.

A conquista da Guanabara

A conquista da Guanabara deu-se após intensos e violentos combates que envolveram grupos indígenas, franceses e portugueses. Nela se evidenciam também a flexibilidade de relações entre os grupos envolvidos e os vários interesses que os motivavam. Cabe, pois, questionar a tradicional divisão dos combatentes em campos nitidamente delimitados: portugueses e temiminós, de um lado, e franceses e tamoios, de outro. Uma análise mais cuidadosa da documentação, levando-se em conta os interesses e ações dos índios, revela relações muito mais complexas.

Os tupinambás da Guanabara (tamoios) nem sempre foram inimigos dos portugueses. Pero Lopes de Souza informa terem sido acolhidos com muita gentileza quando a expedição de seu irmão, Martim Afonso de Souza, ali permaneceu por três meses para construir embarcações. Desde 1525, no entanto, esses índios já mantinham relações contínuas com os franceses. De acordo com Anchieta, voltaram-se contra os portugueses por injustiças e maus-tratos e receberam bem os franceses que não lhes causavam agravo.

O estabelecimento dos portugueses em São Vicente e suas relações de amizade com os tupiniquins, contrários aos tamoios, devem, evidentemente, ter acentuado as hostilidades destes últimos. Some-se a isso o contato cada vez mais estreito dos tamoios com os franceses que compravam a madeira por melhor preço e os atiçavam contra os lusos. Em meados do século, a presença francesa na Guanabara já era bastante significativa e, a julgar pelos relatos, suas relações com os índios eram bem mais harmoniosas que as dos portugueses. Não faltavam, pois, razões para os tamoios incrementarem suas expedições guerreiras contra os portugueses e os tupiniquins, causando sérias ameaças aos colonos estabelecidos em São Vicente e no Espírito Santo. Estes, por sua vez, também instigavam seus aliados contra os tupinambás do Rio de Janeiro.

Em 1555, os franceses já estavam estabelecidos na ilha que passou a se chamar Villegaignon e pretendiam fundar ali uma colônia francesa, a França Antártica. A baía de Guanabara tornara-se um reduto antilusitano e a guerra colocava-se para os portugueses como uma necessidade de conquista territorial e religiosa, já que o combate se daria também contra os hereges protestantes. Desde 1557, Nóbrega propunha a fundação de uma cidade no Rio de Janeiro, como única forma de defender a região e impedir os franceses de amotinar os índios. Um ano depois, Mem de Sá referia-se à gravidade da situação no Rio de Janeiro e propunha fortificar o Espírito Santo que deveria ser, segundo ele, a barreira contra os franceses para o norte e ponto de ataque para expulsá-los do Rio de Janeiro. Para isso, os portugueses iriam contar com a ajuda de aliados muito especiais: os índios do Gato, que iriam se tornar os fiéis temiminós de Arariboia.

Antes da conquista da Guanabara, esses índios aparecem na documentação como índios do Gato ou Maracajá que, liderados por Maracajaguaçu ou o Grande Gato, estavam em guerra com os tamoios. Em 1555, sentindo-se seriamente ameaçados pelos inimigos, pediram e obtiveram dos portugueses auxílio para se aldearem na capitania do Espírito Santo. Formaram uma populosa aldeia que, sob a administração dos jesuítas, tornou-se baluarte de defesa da região. Passaram, então, a aparecer nos documentos como temiminós. Anos mais tarde, não seria difícil aos portugueses obter o apoio de grande parte desses índios, então liderados por Arariboia, para voltar às terras de origem e dar combate aos tamoios e franceses.

Segundo o jesuíta Simão de Vasconcelos, a guerra pela conquista do Rio de Janeiro contra os tamoios e franceses foi para os chamados temiminós a oportunidade de exercerem a mais cruel vingança contra seus antigos inimigos. De acordo com seu relato, escrito no século XVII, os tamoios e os temiminós andavam no Rio de Janeiro em guerras cruéis, destruindo-se e comendo-se uns aos outros, quando estes últimos conseguiram, com o auxílio dos portugueses, escapar para o Espírito Santo.

Essa aliança entre os temiminós e os portugueses expressa a mútua dependência entre os grupos envolvidos e os diferentes interesses que os motivaram ao acordo, cada qual relacionado à dinâmica de suas respectivas organizações sociais. Se os portugueses viam a conquista da Guanabara como possibilidade de estender a administração lusa nas terras da América, para os índios chamados temiminós ela devia significar a grande oportunidade de regressar às suas terras e combater inimigos. As alianças e conflitos nessa guerra demonstram também a flexibilidades das relações, não apenas com os europeus, mas também entre os próprios grupos indígenas.

Convém atentar, ainda, para algumas informações sobre os temiminós que apontam para a possibilidade de estarmos diante de uma etnia construída no contexto de guerra colonial. É provável que eles fossem um subgrupo tupinambá, no sentido mais restrito do termo, isto é, um grupo tamoio que, no momento do encontro com os portugueses, vivia uma situação de conflito com seus vizinhos. Afinal, de início, eles aparecem nos documentos apenas como os índios do Gato ou Maracajá. Cabe aqui retomar Varnhagen que, ao tratar das auto-denominações dos índios dessa região, referiu-se aos que por não quererem "...esquecer sua procedência dos tamoios (avós), chamavam-se temiminós (netos)...", enquanto outros se chamariam tupinambás. Disse, ainda, que alguns "...vizinhos os tratavam por tupiniquins, ou quando contra elles assanhados e em guerra, por Maracayás ou Gatos bravos" (Varnhagen, s/d:19, v. 1).

Essa informação somada à escassez de maiores informações sobre os temiminós da Guanabara permite pensar na possibilidade de estarmos diante de uma reconstrução identitária a partir das relações e dos interesses tanto dos índios quanto dos estrangeiros. Apontam também para a imprecisão das classificações étnicas já anteriormente abordadas. As denominações étnicas, com suas respectivas qualificações (mansos ou selvagens) e características, principalmente de alianças e inimizades entre uns e outros, construíam-se, nessas conjunturas de guerra, estimuladas por interesses e motivações tanto dos portugueses quanto dos índios. Estudos recentes, em diferentes regiões e temporalidades, têm demonstrado que não são poucos os grupos indígenas que, ao reconstruírem relações, reconstruíam também suas formas de identificação com os grupos com os quais se relacionavam.

As informações imprecisas e muita vezes contraditórias dos documentos não nos permitem acompanhar passo a passo a trajetória dos temiminós, nem tampouco a de Arariboia, sobre o qual as controvérsias são inúmeras. Não é possível sequer saber ao certo quando teria regressado ao Rio de Janeiro. Porém, muito mais do que buscar verdades sobre a trajetória de Arariboia ou dos temiminós, importa reconhecer nessas informações as possibilidades de rearticulação e construção de alianças, inimizades e identidades que iam surgindo nas diversas situações, sobretudo em épocas de guerras intensas, como as da costa brasileira em meados do século XVI.

Para os índios do Gato, a aliança com os portugueses e a nova condição de índios aldeados significou, com certeza, a segurança, cada vez mais difícil de ser alcançada nos sertões onde as guerras e escravizações se intensificavam. Se assumiram uma nova identidade étnica perante os europeus, podem não ter abdicado de outras formas de identificação entre si e com os demais grupos com os quais interagiam. Afinal, se as identidades étnicas são históricas e múltiplas, não há razões para duvidar de que os índios podiam adotar para si próprios e para os demais identidades variadas, conforme circunstâncias e interesses. Mais importante do que tentar descobrir quem eram originalmente os índios do Gato, questão praticamente impossível de ser desvendada, cabe reconhecer o processo complexo e dinâmico do contato e de rearticulação constante de interesses e alianças. Fossem eles quem fossem antes das relações estreitas com os portugueses, tornaram-se, depois delas, os temiminós de Arariboia. Eram os grandes inimigos dos tamoios e, principalmente, os fiéis aliados dos portugueses, característica básica do grupo que, se foi proposta ou inventada pelos portugueses, parece ter sido amplamente assumida pelos índios que fizeram questão de mantê-la até, pelo menos, o final do século XVIII, conforme veremos mais adiante. Foi essa identidade que lhes deu ganhos na violenta situação de guerra da costa brasileira.

Seu apoio foi fundamental para a vitória dos portugueses. Vencida a guerra e criada a capitania do Rio de Janeiro, pertencente à Coroa, era preciso recompensar ou castigar seus protagonistas e ao mesmo tempo garantir a soberania portuguesa na região. Arariboia queria regressar a sua aldeia, mas

Mem de Sá pediu que ficasse na terra com seus índios para "...ajudar a povoá-la por ser do rei, a quem nisso fazia serviço, e que pedisse para si e para os seus as terras que necessitasse..." (Silva, 1854:164). As terras escolhidas foram doadas por escritura pública e Carta de Sesmaria de 1568 e nelas se estabeleceu a aldeia de São Lourenço, que viria a constituir importante baluarte de defesa da cidade. O castigo dado aos inimigos serviria também à ordem colonial: os tamoios aprisionados foram oferecidos como escravos legítimos aos combatentes da guerra em recompensa pelos serviços prestados à Coroa.

E, para além do século XVI, as guerras continuam...

Conquistadas as principais regiões da colônia, as guerras indígenas prosseguiriam nos séculos seguintes. Entre elas, cabe destacar a chamada Guerra dos Bárbaros que, nas últimas décadas, tem merecido maior atenção dos historiadores. Pedro Puntoni e Cristina Pompa revelam a complexidade desses conflitos e das relações entre os diversos grupos tapuias neles envolvidos. Puntoni desconstrói a ideia da existência de uma guerra geral dos índios bárbaros contra o império português. Segundo ele, essa concepção partiu do olhar europeu sobre as resistências indígenas e se apresenta nos documentos coloniais, razão pela qual acabou sendo incorporada pela historiografia. Assim, os inúmeros conflitos com especificidades variadas que se estenderam por quase um século (1650-1720), numa vastíssima extensão territorial do nordeste (do leste do Maranhão ao norte da Bahia), envolvendo uma enorme diversidade de grupos indígenas, foram convencionalmente chamados de "Levante Geral dos Tapuias" ou "Confederação dos Cariris". De fato, blocos monolíticos militarizados, com tapuias de um lado e portugueses com índios aldeados de outro, não existiram. Ao invés disso, observa-se nessas guerras o mesmo vaivém entre alianças e conflitos dos diversos grupos étnicos, tal como visto nas guerras quinhentistas. As tropas dos portugueses compunham-se, como nas demais regiões, de um número significativo de índios aldeados, porém estes incluíam os mais variados grupos de tupis e tapuias. Grupos que ora se enfrentavam, ora se associavam nas experiências das guerras, para muitas vezes se reunirem e se misturarem nas aldeias coloniais. Paralelamente às campanhas militares, os portugueses procuravam, com o auxílio dos missionários jesuítas e capuchinhos, estabelecer acordos e pazes com alguns grupos que ingressavam nas aldeias e os ajudavam no combate aos inimigos, tal como haviam feito com os grupos tupis inimigos. Os índios das aldeias continuavam tendo importante função defensiva contra índios hostis, o que concedia a eles considerável poder de barganha com as autoridades. Continuavam também mudando de lado, cada vez que considerassem mais proveitoso o campo adversário. No nordeste, tanto a guerra contra os holandeses como a guerra dos bárbaros são fartas em exemplos nesse sentido.

Cabe observar também a intensa interação entre os índios aldeados e os índios do sertão, não apenas no sentido de que eles passavam facilmente de uma condição para outra, mas também no que diz respeito às relações intensas que mantinham entre si. Sobre isso é interessante observar o episódio narrado por Cristina Pompa, no qual alguns índios da aldeia de Pambu no Rio São Francisco, administrada por capuchinhos, foram escravizados junto aos seus parentes cariris de Canabrava, quando tinham ido visitá-los. O fato não deixa dúvidas sobre a extrema mobilidade dos grupos na área. Outro aspecto importante ressaltado por Pompa é a rede de relações entre os índios não aldeados e os vaqueiros nos sertões, que se evidencia na proposta dos portugueses de atrair os grupos que os combatiam, aproveitando as boas relações que tinham com os vaqueiros. A autora cita vários testemunhos da convivência pacífica dos índios dos sertões com os moradores.

As complexas relações entre grupos indígenas das aldeias e dos sertões, entre si, e com os não índios, nas várias situações de guerra, desconstroem a ideia de oposição rígida entre o sertão e a colônia, entre índios mansos e índios selvagens ou entre os chamados estados de barbárie e de civilização. Essas divisões estavam muito mais presentes na legislação e nos discursos de autoridades, colonos, missionários e até das próprias lideranças indígenas do que no cotidiano dos sertões, aldeias e vilas, onde as misturas eram grandes.

Os índios dos sertões não viviam absolutamente isolados do mundo colonial. Entravam e saíam dele conforme possibilidades e circunstâncias. Vários estudos sobre regiões de fronteiras internas e externas revelam as múltiplas e variadas relações bélicas, culturais e comerciais entre índios aldeados, índios dos sertões e não índios. Tais relações alteravam-se consideravelmente pela intensificação de conflitos e avanços sobre novos espaços. No século XVIII, tornaram-se muito mais acentuadas, já sob a influência da legislação pombalina que incentivava misturas e interações.

Na capitania de Mato Grosso, as relações interétnicas e de poder entre os caiapós, guaicurus e paiaguás alteravam-se diante das investidas dos portugueses sobre seus territórios, conforme demonstrou Gloria Kok. Como tantos outros já citados, esses grupos também passavam dos conflitos às alianças e igualmente jogavam com o antagonismo político dos europeus. Curioso é perceber sua inserção esporádica nos circuitos mercantis da colônia, na medida em que comercializavam gado e outras mercadorias, muitas vezes roubadas

Os índios na história do Brasil

numa região e vendidas em outra. Os paiaguás, por exemplo, iam, muitas vezes ricamente vestidos, "vender portugueses, mamelucos, negros e mulatos na cidade do Paraguai" (KOK, 2004:140). Táticas de guerra europeias foram também amplamente apropriadas por esses índios que aprenderam a manejar armas e a fazer uso do cavalo, prática essa que notabilizou os guaicurus como exímios cavaleiros.

Nos sertões de Goiás, as relações entre os xavantes, xerentes, caiapós e avá-canoeiros, no fim do século XVIII e no XIX, não eram muito diferentes, como demonstraram Mary Karach e David McCreery. A tenaz resistência desses grupos contra a invasão de suas terras implicou também em conflitos sangrentos, alianças esporádicas, acordos com autoridades, traições, apropriações culturais, idas e vindas entre sertões e aldeias e, inclusive, reconstruções identitárias. A documentação analisada pelos autores informa que xavantes e xerentes deviam ser o mesmo grupo que, no início do século XIX, teria se dividido no contexto das guerras. O grupo que se aldeara passou a ser chamado xerente e a colaborar no combate aos xavantes ainda hostis. Isso teria ocorrido, já no início do século XIX, quando a reputação dos xerentes foi se tornando cada vez mais positiva, se comparada a dos xavantes. Por volta de 1830, no entanto, essa boa imagem começou a desaparecer quando os xerentes retomaram as hostilidades e voltaram a ser demonizados. Mais uma vez se constata a fluidez das relações e também das qualificações atribuídas aos grupos indígenas que de mansos passavam a selvagens e vice-versa.

As guerras indígenas se estenderiam pelo século XIX. O maior exemplo dessa continuidade foi, sem dúvida, a declaração de guerra justa do Príncipe Regente D. João, em 1808, contra os botocudos, logo estendida aos kaingangs. Os sertões de Minas Gerais e do Espírito Santo (botocudos), bem como os campos de Guarapuava (kaingangs) eram, no início do oitocentos, áreas consideradas infestadas por esses grupos indígenas hostis que deviam ser combatidos. Nos chamados sertões do leste, botocudos, puris, coropós, coroados e muitos outros grupos indígenas mantinham relações de enfrentamentos e alianças entre si e com outros agentes sociais. Puris e botocudos destacavam-se, pelos relatos, como os principais responsáveis pelo impedimento do avanço da colonização.

Foram os botocudos, no entanto, os inimigos por excelência, aqueles para os quais se construíram as imagens mais terrificantes que predominaram até o século XX e justificaram uma política indigenista extremamente agressiva. Foram vistos como ferozes, cruéis e inimigos implacáveis não apenas dos portugueses, mas também de outros índios. Essa reputação, no entanto, construída a partir dos interesses dos colonizadores pode ter servido também aos botocudos, pelas mesmas razões anteriormente apontadas para os goitacazes. O medo despertado nos inimigos podia mantê-los a distância, pelo menos por certo tempo.

Na verdade, essa imagem foi útil também aos interesses da Coroa que, no período da mineração, proibia a circulação naquelas áreas para evitar os desvios do ouro, conforme destacou Hal Langfur. A presença ali de "índios selvagens" contribuía para dificultar o acesso à região. No entanto, apenas dificultavam, pois segundo o autor, desde meados do XVIII, colonos e autoridades em Minas Gerais desobedeciam às ordens da Coroa e procuravam se expandir por aquelas terras proibidas e, nessa expansão, acirravam os conflitos com os índios. Entre 1760 e 1808, inúmeras bandeiras foram ao sertão e todos os governadores de Minas Gerais desse período foram, segundo ele, favoráveis a políticas violentas contra os índios. A Carta Régia de 1808, que declarou a guerra justa, resultou, na verdade, da pressão de colonos e autoridades para obter da Coroa a sanção oficial para investidas que nunca haviam cessado.

No entanto, se ela não iniciou a violência, teve o efeito de ampliá-la. Guido Marlière, responsável pela chamada "pacificação" dos botocudos, não cansou de denunciar as injustiças e atrocidades contra eles cometidas, alertando para o fato de que as ações dos índios eram, em grande parte, desencadeadas pela violência dos colonos e militares. De 1808 a 1821, inúmeras expedições foram enviadas para combatê-los. Na medida em que cresciam os conflitos com os índios, multiplicavam-se as descrições negativas sobre os botocudos. A imagem de ferocidade veiculada em discursos dos políticos e na imprensa estimulava as ações de violência contra eles e acirrava os ânimos.

Os botocudos, por sua vez, opunham-se às invasões, desenvolvendo estratégias variadas entre combates, acordos e cooperações. Os ataques desses índios, no entanto, não devem ser vistos como meras respostas às violências contra eles perpetradas. Na complexa análise de Langfur, os índios não aparecem como selvagens, nem tampouco como vítimas indefesas das bandeiras. Sem aprofundar a discussão sobre os botocudos, cabe situá-los como povos de língua macro-jê, que, como tantos outros, dividiam-se em vários subgrupos sobre os quais ainda não há consenso a respeito de algumas de suas características e identificações. Izabel Missagia apontou as rivalidades entre os subgrupos botocudos e diferenças de comportamento quanto às relações que estabeleciam com os portugueses. Alguns se aliavam, enquanto outros se mantinham hostis, o que não os impedia de unirem-se, eventualmente, para combater um inimigo comum.

As guerras dos botocudos, nos sertões do leste, despertaram especial atenção da Corte portuguesa no Brasil, porém em sertões mais distantes, outros grupos também desafiavam, com suas guerras, a expansão das fronteiras lusitanas: os muras e os mundurukus no Amazonas, os kayapós nas fronteiras entre Minas Gerais e Goiás e muitos outros, incluindo os kaingangs contra os quais também se decretou guerra justa. Sobre eles construíram-se também imagens extremamente negativas e estereotipadas que incentivavam a violência de colonos e militares. A carta regia de 1808 foi finalmente revogada em 1831, mas as guerras indígenas continuariam no decorrer do oitocentos, incluindo inúmeros grupos já aldeados, entre os quais os próprios botocudos que, em 1893, desencadearam um grande levante na aldeia de Itambacuri, como destacou Missagia.

O quadro aqui apresentado não deixa dúvidas sobre a extensão e a violência das inúmeras guerras indígenas coloniais e pós-coloniais. Os diferentes povos indígenas da América, guerreiros em sua grande maioria, viram-se envolvidos em guerras muito mais amplas e participaram delas intensamente. Perderam muito, não resta dúvida, mas moviam-se por interesses próprios, buscando as alianças que melhor lhes servissem, razão pela qual mudavam de lado com tanta frequência. Não foram apenas os índios aldeados, ou os "mansos" das aldeias que colaboraram com os portugueses. Os chamados "selvagens" dos sertões não estavam tão distantes do mundo colonial. Entravam e saíam dele, fosse para roubar, para negociar, ou para estar numa aldeia por algum tempo e depois abandoná-la. Essa participação implicava em aproximações e alianças com vários outros agentes, tais como índios (aldeados ou não), comerciantes, autoridades, missionários etc., o que conduz à desconstrução da ideia de blocos monolíticos para se pensar sobre índios dos sertões, índios das aldeias e não índios. As alianças e hostilidades entre eles eram flexíveis e complexas, podendo passar facilmente de um estado para outro, como demonstram vários estudos. Essas misturas iriam se intensificar com as reformas pombalinas, como se verá mais adiante. Por ora, cabe repensar a vivência e as relações dos índios nas aldeias coloniais.

Capítulo 4

Política de aldeamentos e colonização

A política de aldeamentos foi essencial para o projeto de colonização. Afinal, os índios aliados eram indispensáveis ao projeto, pois além de compor as tropas militares, eles deviam ocupar os espaços conquistados e contribuir, como mão de obra, para a construção das sociedades coloniais. As novas aldeias que se criavam próximas aos núcleos portugueses foram, do século XVI ao XIX, o espaço privilegiado para a inserção desses índios na ordem colonial. Desempenharam importantes funções e foram, *grosso modo*, estabelecidas e administradas por missionários, principalmente jesuítas.

Até muito recentemente, essas aldeias, além de pouco estudadas, eram vistas pela historiografia apenas a partir dos interesses da Coroa, dos missionários e dos colonos. Consequentemente, eram entendidas como simples espaços de dominação sobre os índios que, submetidos às novas regras, perdiam suas culturas e identidades, anulavam-se enquanto atores sociais e saíam da nossa história.

Sem dúvida, as aldeias religiosas ou missões visavam não apenas a cristianizar os índios, mas ressocializá-los, tornando-os súditos cristãos do Rei de Portugal, que teriam vários papéis a cumprir na nova sociedade que se construía. A Coroa e a Igreja se associaram nesse empreendimento, no qual os aspectos religiosos, políticos e econômicos se misturavam.

Os diferentes grupos indígenas que ingressaram nessas aldeias não foram, no entanto, tão passivos como costumava ser sugerido pela historiografia. Muitos deles buscavam o aldeamento como opção pelo mal menor diante de situações ameaçadoras e desfavoráveis. Estudos recentes revelam que, apesar dos imensos prejuízos e da posição subalterna na qual se inseriam nas aldeias, eles se interessaram por elas, participaram de sua construção e foram sujeitos ativos dos processos de ressocialização e catequese nelas vivenciados.

Muitas dessas aldeias atravessaram os três séculos da colonização, tendo reunido índios de diferentes etnias que se misturavam não apenas entre si, como também com outros grupos étnicos e sociais da colônia. Viviam uma experiência nova que, além das perdas, apresentava alternativas de sobrevivência. Apesar dos prejuízos incalculáveis, a política de aldeamentos colocava os índios numa condição jurídica específica atribuindo-lhes, além das obrigações, alguns direitos que eles lutaram por garantir até o século XIX, agindo conforme os códigos do mundo colonial. Para integrá-los à colônia, os padres, principalmente os jesuítas, ensinaram aos índios novas práticas políticas e culturais que foram habilmente utilizadas por eles para obtenção de possíveis ganhos na nova situação em que se encontravam.

Nesse processo de metamorfoses étnicas e culturais, ao invés de desaparecerem diluídos nas categorias de despossuídos da colônia ou de escravos, os índios assumiram a nova

Os índios na história do Brasil

identidade dada ou imposta pelos colonizadores: a de índios aldeados, súditos cristãos de Sua Majestade. Nessa condição, identificavam-se e eram identificados até avançado o século XIX. Os índios do Gato, por exemplo, que haviam se tornado os temiminós de Arariboia, passaram a se identificar como os índios da aldeia de São Lourenço.

Sem desconsiderar os imensos prejuízos dos índios aldeados, na grande maioria das vezes espoliados em seus direitos, pretende-se enfocar aqui este outro aspecto, por muito tempo negligenciado em nossa historiografia: o interesse dos índios nos aldeamentos e nas novas práticas culturais e políticas que ali aprendiam e exercitavam. As aldeias, por sua vez, serão vistas aqui como espaços de sobrevivência dos índios aldeados na colônia, onde eles tiveram a possibilidade de reelaborar suas culturas e identidades.

As muitas funções e significados das aldeias coloniais

As infindáveis leis sobre as aldeias, bem como as intensas disputas em torno delas, revelam, além de sua importância, o considerável interesse que despertavam nos diferentes agentes sociais da colônia. Índios, colonos, missionários e autoridades locais e metropolitanas enfrentavam-se na legislação e na prática por questões relativas à realização de suas expectativas quanto à formação e ao funcionamento das aldeias. A rica documentação sobre essas disputas permite perceber que elas tinham diferentes funções e significados para os vários grupos nelas envolvidos.

Para a Coroa, o objetivo principal era, como visto, integrar os índios à sociedade colonial, tornando-os aliados e súditos cristãos, para garantir a soberania sobre seus territórios, defendendo-os dos estrangeiros e dos índios hostis. Além disso, as aldeias cumpriam também a função de assegurar aos colonos, aos missionários e às autoridades, a mão de obra necessária às mais diversas atividades. Os índios aldeados eram submetidos ao trabalho compulsório que se fazia de acordo com um sistema de rodízio e pagamento de salário irrisório regulamentado por diversas leis.

Para os religiosos, reunir os índios em aldeias para catequizá-los e extirpar seus vícios e práticas consideradas diabólicas significava cumprir os ideais missionários aos quais se dedicavam. Para isso, precisavam submetê-los à disciplina, à obediência e ao trabalho compulsório e compactuavam com a violência das guerras e escravizações contra aqueles que se recusavam a colaborar. Já foi visto que o projeto missionário dos jesuítas adaptou-se às condições locais na América portuguesa. A aldeia fixa, por exemplo, foi uma inovação na Província do Brasil que substituiu as missões itinerantes praticadas em outras regiões do Ultramar, como destacou Charlotte de Castelnau-L'Estoile.

Diante da resistência dos índios à catequese e da intensificação das guerras, a missionação nos sertões mostrou-se perigosa e ineficaz, o que levou à mudança da proposta inicial. Da pregação itinerante dos primeiros tempos passou-se à prática de deslocar os índios para a proximidade dos núcleos portugueses para assentá-los em aldeias construídas especificamente para reuni-los. Passou-se da conversão pela via amorosa à conversão pelo medo, como destacou José Eisemberg. As aldeias, amplas e fixas, ganharam impulso com Mem de Sá e tiveram amplo apoio dos missionários que exultavam com suas campanhas violentas que levavam os índios para elas. Os missionários, especialmente os jesuítas, associaram-se à Coroa na política de aldeamentos, compartilhando objetivos semelhantes e ambivalentes em relação às aldeias. Viam nelas as possibilidades de transformar os índios em súditos cristãos e força de trabalho,

Os índios na história do Brasil

opondo-se muitas vezes aos colonos, cujo principal interesse era explorar ao máximo o trabalho indígena.

Os colonos, por sua vez, viam as aldeias como redutos de mão de obra, onde eles poderiam conseguir a força de trabalho necessária para desenvolver diferentes atividades. Ao contrário do que costumava ser sugerido pela historiografia, o trabalho indígena, inclusive na agricultura, foi fundamental nas várias regiões da colônia, enquanto não foi substituído pelo escravo negro, como demonstrou Stuart Schwartz. Sua importância e frequência variavam, conforme as regiões e as temporalidades, por fatores diversos, entre os quais se deve ressaltar a alta mortalidade indígena e a recusa ao trabalho. Sem aprofundar essa discussão, vale lembrar, ainda com Schwartz, que na Bahia, no século XVI, o trabalho dos escravos negros só se intensificou quando a mão de obra indígena já não era suficiente para suprir as necessidades da lavoura.

Para os índios, no entanto, as aldeias missionárias tinham significados e funções bem diferentes: terra e proteção, por exemplo, aparecem nos documentos como algumas de suas expectativas básicas ao buscar a aliança com os portugueses. Apesar das lacunas das fontes para se identificar os interesses dos índios nas aldeias, é possível encontrar alguns indícios sobre suas motivações. Entre elas, cabe lembrar o papel do medo diante das ameaças crescentes pela presença cada vez maior dos colonizadores e, sobretudo, pelas já citadas campanhas arrasadoras de Mem de Sá. Com o caos instalado nos sertões pelas guerras, escravizações em massa e diminuição, cada vez maior, de territórios livres e recursos naturais, o ingresso nas aldeias missionárias era, com certeza, uma excelente oportunidade para sobreviver.

Os índios optavam pelo mal menor, mas nem por isso abdicavam de agir, como informam instigantes documentos sobre seus conflitos e reivindicações no interior das aldeias. Tais documentos expressam também a importância da formação dessas aldeias para as autoridades coloniais, que as levava a acordos e negociações com as chefias indígenas. Em algumas regiões, principalmente em contextos de guerra, esses chefes chegaram a dispor de considerável poder de barganha.

A importância dos aldeamentos para os diferentes atores e as expectativas diversas que os motivavam podem ser observados através de seus interesses e atuações nas expedições de descimento. Essas expedições desciam os rios, do interior para o litoral, com o objetivo de deslocar os índios de suas aldeias de origem para assentá-los nas aldeias coloniais, próximas aos núcleos portugueses. Era uma atividade essencial não só para dar origem às aldeias, como também para manter seus níveis populacionais, pois fugas e mortes eram parte do seu cotidiano diante da continuidade das guerras, dos maustratos e principalmente das epidemias que periodicamente as infestavam. As expedições de descimento eram, portanto, atividades importantes e dispendiosas para o serviço da Coroa. Elas mereceram, além de copiosa legislação, cuidados especiais por parte das autoridades. Sua importância e frequência variavam, conforme regiões e períodos.

Os descimentos, que em princípio deviam ser voluntários, faziam-se, em geral, com presentes e promessas de vantagens materiais para os índios, sem nenhuma alusão ao sistema de trabalho. O padre jesuíta João Daniel descreveu com detalhes as práticas realizadas na Amazônia no século XVIII. Segundo ele, para agradar aos índios e evitar as desistências e fugas, preocupavam-se em conquistá-los com presentes para conquistar sua confiança e assegurar que não os buscavam para "...os fazer escravos, mas para os tratar como filhos (…)".

O interesse dos colonos em realizar descimentos, estabelecer e administrar aldeias pode ser avaliado pelos inúmeros pedidos de licença que encaminhavam ao Rei para efetuá-los. Este, por sua vez, interessado em contar com os préstimos e recursos de seus súditos para realizar atividade tão cara e importante, permitia e até incentivava os descimentos particulares. Porém, estabelecia sérias restrições à administração particular de aldeias, para evitar os abusos na exploração do trabalho indígena. Concedia prioridade na repartição dos índios das aldeias aos responsáveis por seu estabelecimento, mas, em geral, negava a administração particular. No entanto, muitas leis eram locais e variavam conforme a pressão dos interessados. Administrações particulares foram frequentes, por exemplo, em São Paulo, como demonstrou John Monteiro. Em menor escala, ocorriam também em outras regiões, ainda que extraoficialmente. É o caso, por exemplo, da aldeia de Mangaratiba, no Rio de Janeiro. Estabelecida por Martim de Sá, governador da capitania por duas vezes e reconhecido apresador de índios, essa aldeia deve ter sido administrada pela família Sá, conforme indícios da documentação.

Seja como for, os descimentos provocavam desavenças e irregularidades que a Coroa tentava controlar. Em 1587, por exemplo, estabeleceu a obrigatoriedade da presença missionária nas expedições de descimento, situação essa que mais ou menos se manteve ao longo do período colonial. Os descimentos, em princípio, transferiam grupos inteiros das aldeias de origem, incluindo, *grosso modo*, mais de um chefe, que era chamado de "principal". A adesão das lideranças era fundamental e uma das maiores preocupações dos interessados nos descimentos era tratá-los muito bem e, principalmente, presenteá-los.

Violências e deslocamentos forçados foram frequentes, conforme as denúncias. Jesuítas e bandeirantes enfrentavam-se na legislação e nos sertões por conta dessas atividades e acusavam-se mutuamente de cometer irregularidades. Paralelo aos descimentos, convém lembrar que outras expedições com o objetivo explícito de aprisionar índios e combatê-los adentravam os sertões. As bandeiras eram, para os índios, grandes ameaças que se somavam às guerras coloniais para forçar os mais resistentes aos acordos e aos aldeamentos.

As autoridades locais, por sua vez, oscilavam entre os compromissos com a Coroa, os direitos dos índios, suas relações com colonos e jesuítas e suas próprias ambições. Martim de Sá é um exemplo interessante, pois combinava seus interesses particulares de escravizar índios com as obrigações de governador em estabelecer e manter aldeias. Em 1624, denunciava atividades ilícitas que o impediam de realizar descimentos. Sua tentativa de descer seiscentas almas do Rio Grande havia sido abortada pelo assalto dos paulistas que mataram alguns principais e repartiram a gente entre si. Com tantas indulgências a esses abusos, queixava-se ele, não seria possível cumprir o real serviço. Na condição de governador, tinha que preservar a política de manutenção das aldeias e, portanto, garantir o bom êxito dos descimentos sem os quais elas não se mantinham. Preocupava-se, portanto, em frear os apresamentos ilícitos em larga escala.

Seu relatório de despesas, em 1624, informa que os maiores gastos eram com descimentos e pagamentos de serviços dos índios. Além do custo das expedições (pagamento dos índios e alimentação de todos), eram necessários muitos presentes. Para agradar aos índios e contar com eles, é surpreendente vê-lo solicitar "sardinha e bacalhau para o gentio da terra que é o mantimento deste Reino com que os possa agradar e contentar..."[3] As descrições de João Daniel na Amazônia setecentista informam com detalhes os cuidados e a antecedência (de pelo menos um ano) com que se preparava a hospedagem e a alimentação para a acolhida dos novos aldeados. Com isso, segundo ele, iam os maiores gastos dos missionários. Esses cuidados evidenciam a importância de formar aldeias e agradar os aliados, principalmente as lideranças.

Os documentos informam também sobre as decisões dos índios em aceitar ou não os agrados oferecidos. Sobre um descimento realizado em 1624, o mesmo Martim de Sá refere-se "...a alguns principais que antes de se abalarem do Rio Grande com sua gente quiseram ver a disposição da terra e o modo com que me avai no tratamento dos outros..."[4] Em carta de 1697, o jesuíta Pero Rodrigues, ao tratar de um descimento na capitania do Espírito Santo, afirmou que "...veio um principal de quatro aldeias a ver se era verdade o que no sertão lhe diziam dos padres para que com mais certeza pudesse vir com sua gente".[5]

A vontade dos índios aparece, portanto, nos documentos, como fator relevante para seu ingresso nos aldeamentos. Vontade bastante restrita, deve-se convir, já que a escolha se dava entre condições bem desfavoráveis: as dificuldades cada vez maiores enfrentadas no sertão ou as novas condições oferecidas nas aldeias. Tais condições eram, *grosso modo*, avaliadas pelos principais, mas não necessariamente aceitas por todos seus seguidores. As divisões em facções eram frequentes e

---

[3] Arquivo Histórico Ultramarino. Consulta do Conselho da Fazenda, 1624. Rio de Janeiro (Catálogo Castro e Almeida). Caixa1, Documento 43; Documentos Avulsos do Rio de Janeiro, Caixa 1, Documento 25.
[4] Arquivo Histórico Ultramarino. Rio de Janeiro (Avulsos). Caixa 1, Documento 25.
[5] Biblioteca Nacional do Rio de Janeiro. Cópia de uma carta do padre Pero Rodrigues para o padre João Alvares, 1967. I-31, 28, 53 (manuscrito).

acentuavam-se com o desenrolar da colonização. Não foram poucos os casos de faccionalismo entre grupos indígenas, dividindo-os em lados opostos em suas alianças com os brancos. Insatisfações e descontentamentos por parte dos índios, principalmente dos seus chefes, podiam colocar a perder todo o esforço praticado para a realização de "pazes" ou descimentos. No Rio de Janeiro, houve o caso citado pelo padre jesuíta Simão de Vasconcelos em que alguns principais voltaram do meio do caminho por não terem recebido o mesmo "facallhão" com que os portugueses agraciaram um deles. Os instrumentos de ferro eram o principal atrativo para aldeá-los, como bem ilustra a resposta de um índio ao missionário que o persuadia a convencer seu grupo a deixar sua aldeia de origem: "lá tem, respondeu o índio, machados e facas para fazerem suas roças, e por isso não necessitam de sair" (Daniel, 1976:259, v.2).

Não se pode esquecer que esses acordos se faziam num contexto de extrema violência e desigualdade. A aldeia era o mal menor e nela os índios se submetiam a uma nova situação que lhes trazia imensos prejuízos. Sujeitavam-se às regras portuguesas, passando a viver em condição subordinada e sujeitos ao trabalho compulsório. Misturavam-se com outros grupos étnicos e sociais, viam reduzir-se as terras às quais tinham acesso e expunham-se a altas mortalidades. Além de tudo, submetiam-se a uma nova rotina que proibia o uso de certas práticas culturais, incentivava-os a abandonar antigas tradições e a incorporar novos valores, como parte do processo de transformá-los em súditos cristãos.

Apesar de tudo, tinham aspirações próprias. Os variados registros sobre os conflitos nas aldeias informam sobre suas principais solicitações na condição de aldeados: queriam garantir suas terras, queriam cargos, aumentos de salários, ajudas de custo, destituição de autoridades não reconheci-

Os índios na história do Brasil

das por eles e, principalmente, recusavam a escravidão. Essas solicitações indicam, pelos menos, algumas das suas expectativas. Os acordos de paz e de descimentos estabelecidos com os portugueses incluíam sempre promessas de terra e proteção. Essas eram, parece-me, as suas principais aspirações para aldearem-se.

No nordeste, várias aldeias se estabeleceram para atender solicitações de chefias indígenas que fizeram as pazes com os portugueses. O acordo de paz com os índios janduís, por ocasião da guerra dos bárbaros, é significativo a esse respeito. Ao tratar do episódio, Cristina Pompa ressaltou algumas condições de paz colocadas pelos índios. Reconheciam o soberano de Portugal como seu rei natural e prometiam "...humildemente vassalagem e obediência para sempre". Em contrapartida, esperavam a garantia da "...liberdade natural em que nasceram e em que por direito das gentes devem ser mantidos, como os mais vassalos portugueses: e do mesmo modo a liberdade das suas aldeias: e que nunca em tempo algum, possa ser pessoa alguma de qualquer sexo, maior ou menor da nação janduí, escrava, nem vendida por qualquer título, motivo ou ocasião que seja, passada, presente ou futura" (Citado por Pompa, 2003:283). Está claro, como ressaltou a autora, que os índios associavam a condição de vassalagem à de liberdade, fazendo questão de assegurar, com este acordo, que estariam para sempre livres da escravização por guerra justa. A outra condição colocada pelo grupo relacionava-se à garantia das terras a eles pertencentes antes da guerra. Esses exemplos não deixam dúvidas de que, ao se aldearem, os índios buscavam principalmente terra e proteção.

Os diferentes agentes sociais da colônia tinham, portanto, expectativas e interesses diversos quanto à formação e ao funcionamento das aldeias. Estes, por sua vez, em princípio e conforme a legislação, deveriam servir a todos e especialmente à Coroa. Na prática, contudo, a realização dos interesses de uns esbarrava muito frequentemente nos dos demais, e sua realização dependia das disputas travadas entre eles. Os índios, em situação subalterna, foram sempre os mais prejudicados, mas nem por isso deixaram de lutar e obter alguns ganhos. Essas disputas se faziam, em grande parte, no campo jurídico, com base na legislação indigenista, sobre a qual cabem algumas considerações.

Os índios e as leis

A ambivalência das múltiplas leis que se sucediam e se contradiziam, favorecendo ora índios e missionários, ora colonos, refletiam a própria ambivalência dos objetivos da Coroa e dos religiosos em relação aos índios. Explorá-los como força de trabalho e ao mesmo tempo protegê-los como aliados e súditos cristãos não era tarefa simples e gerou leis aparentemente contraditórias e relações conflituosas, complexas e oscilantes entre os vários agentes. Além disso, as leis gerais para o conjunto de índios e aldeias na América portuguesa foram raras, dadas as imensas diferenças regionais e as diversidades de relações entre os índios e os colonizadores que continuamente se alteravam.

A política indigenista caracterizou-se, então, por uma infinidade de decretos, bandos, leis, alvarás e cartas régias que continuamente se estabeleciam e se anulavam, como demonstrou Beatriz Perrone-Moisés. Não cabe aqui abordar esse emaranhado de leis, mas importa constatar que elas se construíam, se revogavam e se cumpriam ou não conforme o jogo de forças na colônia entre os agentes interessados. Importa, sobretudo, enfatizar que entre esses agentes incluíam-se os próprios índios. Eles participavam dessas disputas em posição subordinada e desvantajosa e, com certeza, como no caso das guerras, eram os maiores perdedores. Porém, aproveitavam as possibilidades a seu alcance para amenizar perdas e alcançar possíveis vantagens.

Pesquisas localizadas em diferentes tempos e espaços evidenciam suas ações que, sem dúvida, também influenciavam o estabelecimento das leis e principalmente as possibilidades de sua aplicação na colônia. Por essa razão, a tendência dos pesquisadores, hoje, tem sido a de pensar as políticas indigenistas e as várias leis delas resultantes de forma articulada às atuações dos índios (políticas indígenas), que contribuíam para estabelecer os seus limites e possibilidades. O próprio projeto jesuítico, como visto, mudou de rumo para se adaptar às especificidades locais que incluíam as ações dos índios. Afinal, as legislações se constroem e se cumprem conforme acordos, negociações e confrontos entre os atores e suas respectivas capacidades de fazer valer seus interesses, como tem sido enfatizado pelas pesquisas no campo da história política. A história indígena mais recente inclui os índios entre esses atores.

O grande dilema de inserir os índios na colônia tanto como força de trabalho quanto como súditos leais ao Rei resolveuse, em parte, com o princípio básico da política indigenista que iria se manter, na legislação, por quase todo o período colonial. Trata-se da divisão dos índios em dois grandes grupos: os mansos (aliados) e os selvagens (inimigos), que se tornariam os aldeados e os escravos, respectivamente. Controvérsias e embates, no entanto, continuariam a gerar desavenças quanto às possibilidades de escravização e quanto às expectativas dos vários atores sobre a criação e o funcionamento das aldeias. As terras e os trabalhos dos índios eram os principais motivos dos confrontos.

Duas formas de escravização indígena consideradas legítimas mantiveram-se, com raras exceções, durante quase todo o período colonial: as guerras justas e as expedições de resgate. Ambas eram regulamentadas por leis que variavam conforme as disputas e as pressões dos interessados. As guerras justas eram, como visto, desencadeadas contra os grupos hostis aos portugueses. As expedições de resgate trocavam com os grupos aliados seus prisioneiros condenados à morte (chamados índios de corda) que, salvos da execução, tornavam-se escravos por determinados períodos ou por toda a vida, de acordo com as variações das leis. Controvérsias ocorriam, com frequência, para decidir sobre a legalidade dessas formas de escravização, que podiam se ampliar ou se restringir, conforme o jogo de força entre os agentes. As leis variavam e davam margem a extrapolações e irregularidades por parte não só dos colonos, mas também de autoridades. Estas últimas se interessavam igualmente pelas escravizações ilícitas, sobretudo nas regiões onde a venda de índios como escravos constituía considerável fonte de renda, como em Belém e em São Paulo.

Antes da Lei da Liberdade dos Índios de 1755, que, como parte das reformas pombalinas, proibiu definitivamente a escravização dos índios na colônia, houve duas outras leis de caráter geral (1609 e 1680) que proibiram a escravização indígena em quaisquer circunstâncias. Ambas foram revogadas poucos anos depois de promulgadas devido à violenta reação dos colonos.

Em algumas regiões, foram estabelecidas Juntas de Missões, instituições compostas por autoridades locais e religiosas que tinham, entre outras, a função de julgar a legitimidade das escravizações realizadas através de resgates e guerras justas. A atuação do padre Antonio Vieira nessas juntas re-

Os índios na história do Brasil 85

vela a ambivalência dos comportamentos e alianças antes apontados. O jesuíta não cansou de denunciar escravizações ilícitas, mas sabia ser tolerante, conforme as condições, para não exagerar no desagrado aos colonos e autoridades, prejudicando o projeto colonial e consequentemente seu próprio projeto missionário. Mais instigante, no entanto, é constatar a ação dos próprios índios que recorriam à Junta das Missões para escapar de escravizações ilícitas. A pesquisa de Márcia Mello sobre as Juntas das Missões no estado do Grão-Pará e Maranhão identificou várias ações de liberdade movidas e ganhas por índios ilicitamente escravizados.

Se as leis sobre escravidão indígena geraram controvérsias e conflitos, as que tratavam da criação e funcionamento das aldeias também acirravam os ânimos, principalmente por questões sobre o trabalho dos aldeados e a utilização de suas terras. Os índios aldeados participaram desse processo, como demonstram as inúmeras solicitações que encaminhavam ao Rei na condição de súditos cristãos.

Cabe destacar que ser súdito cristão não significava, absolutamente, condição de igualdade com os demais. Na sociedade fortemente hierarquizada do Antigo Regime, os índios aldeados ocupavam um dos estratos mais baixos. Além de submetidos ao trabalho compulsório, estavam sujeitos aos estatutos de limpeza de sangue que os discriminavam e os proibiam, até às reformas pombalinas, de ocupar determinados cargos e receber títulos honoríficos. Não estavam, no entanto, no último degrau dessa hierarquia social. Negros e índios escravos, bem como os "índios bravos" dos sertões, sempre sujeitos à escravização, estavam, com certeza, em posição inferior. A posição dos aldeados nessa sociedade hierárquica, escravocrata e desigual deve, pois, ser pensada nesse contexto de interação com os demais grupos e suas respectivas condições econômico-sociais, que contribuíam para a formação do seu referencial de identificação, como lembrou Schwartz. Assim, apesar das condições limitadas e opressivas, os aldeamentos indígenas ofereciam aos índios algumas garantias e até privilégios se comparados com o tratamento oferecido às pessoas de condição inferior. Tinham direito à terra, embora uma terra bem mais reduzida do que a sua original; tinham direito a não se tornarem escravos, embora fossem submetidos ao trabalho compulsório; tinham direito a se tornarem súditos cristãos, embora tivessem que se batizar e, em princípio, abdicar de suas crenças e costumes. As chefias tinham direito a títulos, cargos, salários e prestígio social. Dentro dessas condições limitadas, restritas e, sem dúvida, opressivas, os índios aldeados encontraram possibilidades de agir para fazer valer esse mínimo de direitos que a lei, apesar de oscilante, garantia-lhes, e o fizeram até o século XIX.

Na sociedade do Antigo Regime, as leis definiam-se no cotidiano das relações entre os agentes sociais e conforme as situações que iam surgindo. Legislação e prática caminhavam juntas e muito frequentemente a primeira era estabelecida para regulamentar o que já se praticava em larga escala, conforme os "usos e costumes da terra". Essa expressão era, aliás, bastante utilizada para justificar comportamentos considerados ilícitos. As oscilações das leis eram típicas do exercício do poder no mundo colonial, onde as decisões legais dependiam, em última instância, do arbítrio do monarca. Este recebia evidentemente influências dos seus conselheiros e dos vários agentes sociais interessados nas questões.

O Conselho Ultramarino, principal órgão metropolitano para lidar com as questões coloniais, tinha ampla competência sobre os mais variados assuntos da Colônia. Sua alçada ia desde as mais altas esferas do poder até às mais simples e pobres. Na rígida hierarquia social do Antigo Regime, os súditos tinham seus próprios lugares e funções, cabendo ao Rei distribuir justiça e mercês a cada um conforme a sua condição. A justiça era um valor essencial nessa sociedade e, como tal, bastante valorizada pelos Reis e seus conselheiros. Por isso, todos os súditos do Império tinham direito de fazer chegar ao Monarca suas petições e este, assessorado por seu conselho, procurava atendê-los. As consultas do Conselho Ultramarino são fartas em exemplos dos casos de pessoas simples e pobres que recorriam à Sua Majestade para atender aos seus interesses e necessidades. Os índios souberam valer-se dessa possibilidade e várias vezes recorreram à justiça, agindo de acordo com a cultura política do Antigo Regime.

Essa cultura política baseava-se na troca de favores e serviços, num sistema de reciprocidade, através do qual os súditos serviam ao Rei que, justo e piedoso, os recompensava. Os índios aldeados, mais especificamente suas lideranças, incorporaram rapidamente essa prática. Aprenderam a valorizar acordos e negociações com autoridades e com o próprio Rei, reivindicando mercês em troca de serviços prestados. Sua ação política era, pois, fruto do processo de mestiçagem vivido no interior das aldeias. Suas reivindicações demonstram a apropriação dos códigos portugueses e da própria cultura política do Antigo Regime.

Não é o caso de desconsiderar as incontáveis injustiças cometidas contra os aldeados, cujos direitos, muitas vezes, pareciam estar só no papel, dadas as violências e práticas desrespeitosas e abusivas de colonos, autoridades e, até mesmo, de religiosos que não titubeavam em burlar a lei para satisfazer seus interesses. Esses aspectos foram sempre os mais destacados pela historiografia. Sem esquecê-los, o objetivo aqui é ressaltar o lado menos conhecido dessa história: a atuação dos índios nessas disputas e a complexidade das relações entre os atores.

Apesar de todas as irregularidades, havia preocupação por parte da Coroa em coibir os abusos contra os índios aliados e em defender a política de aldeamentos, tão essencial para a colonização. É o que revelam as análises das consultas do Conselho Ultramarino. Através desse Conselho, a Coroa procurava esclarecer as situações para, com justiça, julgar as reivindicações de seus súditos indígenas e atendê-las na medida do possível. As várias causas ganhas pelos índios informam sobre a preocupação das autoridades em garantir-lhes o mínimo de direitos.

Estabelecidas com o objetivo de integrar os índios à administração portuguesa, transformando-os em súditos cristãos, as aldeias coloniais não foram efêmeras nem tampouco simples espaço de dominação e imposição cultural dos padres sobre os índios. Foram também o espaço possível de sobrevivência, onde estes últimos desenvolveram complexas relações com missionários e outros agentes.

Viver e mudar nas aldeias: ressocialização e catequese

As aldeias foram heterogêneas e construídas para atender a interesses diversos. Tinham, portanto, especificidades que incluíam os agentes fundadores (nem sempre religiosos), os principais grupos indígenas nelas estabelecidos (com números de habitantes variados), os administradores responsáveis, as regiões em que se encontravam (com suas respectivas características político-econômicas e sociais) etc. Todos esses elementos influenciavam suas características e relações com as sociedades envolventes e se alteravam na dinâmica dos processos históricos. Não se pode, pois, falar em uma história geral das aldeias indígenas no Brasil.

No entanto, vários estudos localizados, principalmente sobre aldeias jesuíticas, permitem delinear, em linhas gerais, algumas formas de organização, funcionamento e relações sociais nelas estabelecidas. Serão enfocadas aqui as aldeias administradas pelos jesuítas, dada a maior disponibilidade de fontes e estudos sobre elas.

As aldeias eram reguladas por leis que se modificavam com frequência. Seu primeiro idealizador foi, no século XVI, o padre Manuel da Nóbrega, mas o principal responsável pelas diretrizes básicas que orientaram seu funcionamento e organização por quase um século foi, sem dúvida, o padre Antônio Vieira. Sob sua influência, após muitos embates com colonos e missionários, estabeleceu-se, em 1686, o Regimento das Missões que, proposto para a Amazônia, orientou também as práticas jesuíticas nas demais regiões até as reformas pombalinas em meados do século XVIII.

Várias leis estabeleciam que as aldeias deveriam ser grandes, manter os brancos afastados e, de preferência, não misturar etnias para evitar fugas causadas por desentendimentos entre os grupos. Na prática, no entanto, predominou a mistura de etnias e a presença de brancos, mestiços e negros nas aldeias, apesar dos esforços dos jesuítas para mantê-los distantes. Até a segunda metade do século XVIII, excluindo-se breves períodos, predominaram leis favoráveis aos jesuítas que concediam à Companhia o controle espiritual e temporal sobre os descimentos e as aldeias. Sua força maior ou menor variava conforme regiões e circunstâncias, diante dos inúmeros conflitos que enfrentavam com colonos, autoridades, religiosos, bispos e, inclusive, com os índios. Em algumas regiões, chegaram a ser expulsos. Porém, na maioria delas, retornaram, o que confirma a importância de seu papel como missionários até sua expulsão, por Pombal, em 1759.

Sem aprofundar o debate sobre o controvertido papel dos jesuítas no exercício missionário, convém descartar as interpretações simplistas que tendem a idealizá-los como santos defensores dos direitos indígenas ou a demonizá-los como espertos exploradores de índios ingênuos e indefesos. Devem ser vistos, ao que parece, como religiosos do seu tempo, no qual os interesses políticos, econômicos e religiosos se misturavam tanto no projeto colonial, como no projeto missionário. Acredito que o principal objetivo da Companhia era religioso, e se ela adquiriu força política e econômica no decorrer dos três séculos da colonização, isso se deu de forma paralela ao esforço ideológico da catequese. Os jesuítas se estabeleceram na colônia, fundaram colégios, criaram aldeias, fazendas e envolveram-se em diversas atividades econômicas através das quais construíram considerável patrimônio. Para isso, exploraram o trabalho dos índios (aldeados e escravos) e dos escravos negros. Não abriram mão do poder temporal e da coerção física, mas a isso aliaram práticas de adaptação e tolerância aos costumes das populações locais, o que lhes valeu grandes ganhos. A força política que alcançaram em várias regiões da América decorreu, no meu entender, do reconhecimento por parte das autoridades da eficiência de sua ação missionária, tão importante para o projeto colonial.

As aldeias jesuíticas foram, *grosso modo*, administradas pelos padres superiores que procuraram manter nelas, pelo menos, dois religiosos e às vezes quatro, quando possível e necessário. Como poderiam dois ou quatro padres administrar e controlar centenas ou até milhares de índios? Parece claro que o medo e a violência, tão essenciais para a formação das aldeias, não poderiam ser suficientes para garantir seu bom funcionamento. Vários outros recursos foram habilmente utilizados pelos jesuítas. Já foi visto que as práticas de missionação nas aldeias não se restringiam à esfera espiritual. Estudos recentes, tais como os de Cristina Pompa e Ronaldo Vainfas, têm enfatizado a extrema habilidade dos jesuítas em conhecer os aspectos culturais dos índios para, a partir deles, introduzir as mudanças necessárias. Agiram como grandes incentivadores de uma nova cultura construída no cotidiano das aldeias, onde antigas tradições se articulavam com as novas práticas culturais e políticas que introduziam.

Os índios, por sua vez, movidos por novos interesses, souberam aproveitar os ensinamentos, alguns muito úteis na nova situação colonial. Ler e escrever o português, por exemplo, foi instrumento eficaz para alguns deles, sobretudo lideranças, reivindicarem suas mercês ao Rei em moldes bem portugueses. A língua tupi aprendida por muitos padres e amplamente utilizada no interior das aldeias como língua geral, também chamada brasílica, foi faca de dois gumes. Era instrumento para a catequese e homogeneização cultural de diversos grupos étnicos, mas foi para estes últimos importante elemento de coesão para uma nova identificação sociocultural que ali se forjava. Baseada no tupi falado, a língua geral tornou-se, pode-se dizer, língua oficial das aldeias coloniais e com o passar do tempo, evidentemente, ia adquirindo características próprias.

O processo de ressocialização dos índios deu-se através de complexas relações que, além das imposições, incluíam também muitos acordos. Para auxiliá-los na administração das aldeias, os padres valeram-se das lideranças indígenas. Já foi visto o importante papel por elas desempenhado nas guerras e nas expedições de descimento. Uma vez constituída a aldeia, os líderes indígenas continuariam tendo papel de destaque. Deveriam ajudar a governá-las e para isso foram concedidos cargos, títulos, patentes e situações privilegiadas, que eles receberam com bastante entusiasmo.

No interior das aldeias, devia haver mais de um principal, já que etnias e grupos diversos ali se misturavam. Havia, no entanto, possibilidades de prestigiar muitos deles, pois eram vários os cargos a serem distribuídos. O principal líder do aldeamento, o chamado capitão-mor da aldeia, devia ser o principal do grupo dominante à época de seu estabelecimento, a exemplo do que ocorreu em São Lourenço, na capitania do Rio de Janeiro. Ali, os descendentes de Arariboia, seu primeiro capitão-mor, parecem ter permanecido como líderes até o fim do século XVIII.

Os padres procuravam identificar e, quando possível, manter os chefes originais, dando-lhes, no entanto, novas funções e regalias. A hereditariedade do cargo, por exemplo, foi introduzida e muito apreciada pelos que dela se beneficiaram. O cargo devia ser provido pelo governador, às vezes com salário, outras não. De acordo com o padre Antonio Vieira, apenas o principal (com certeza, o capitão-mor) recebia provisão do Governador. Os demais só as receberiam se pedissem. É curioso perceber que muitos o faziam, pois segundo o padre, os "índios estimam muito um papel, de que constem os seus ofícios e serviços..." (Beozzo, 1983:204). Povos de tradição oral, os índios não tardaram a perceber a importância dos papéis para comprovar o exercício dos cargos e dos serviços prestados. Precisavam deles, afinal, para garantir seus direitos e possibilidades de reivindicar mercês ao Rei. Em 1779, o capitão-mor de São Barnabé pedia patente como condição para continuar a exercer a função de reger outras aldeias, sem a qual, segundo ele, alguém poderia tentar impedi-lo. As cartas de sesmarias foram especialmente valorizadas pelos aldeados, que cedo aprenderam seu valor para reivindicar seus direitos à terra.

Falar bem era uma qualidade importante dos chefes indígenas, que foi valorizada e mantida pelos padres. Incentivavam a boa fala dos principais, com o objetivo de pregar novos valores: o trabalho cotidiano nas roças e as virtudes e obrigações cristãs. Os chefes saíam de manhã, incentivando seus liderados ao trabalho, como informou o padre Cardim. Para isso, eram dadas "...varas de meirinhos nas mãos, que estimam em muito, porque depois de cristãos se dão estas varas aos principais, para honrá-los e se parecerem com os brancos" (Cardim, 1988:153). Os símbolos de poder e honra do mundo português passavam a fazer parte das aspirações das lideranças em contato. Títulos honoríficos de ordens militares foram algumas vezes concedidos aos líderes pelos serviços prestados ao Rei. Arariboia, Piragibe e Felipe Camarão foram, entre outros, alguns chefes agraciados com o título de Cavaleiro da Ordem de Cristo. Talvez nunca os tenham recebido, dadas as proibições dos estatutos de limpeza de sangue, como alertou Ronald Raminelli, porém, sem dúvida, usufruíram do prestígio da indicação. Na Amazônia, nos séculos XVII e XVIII, não foram poucos os índios cristãos que solicitaram à Coroa títulos honoríficos das ordens militares. Sabiam, de acordo com Almir Diniz, "...as consequências positivas das mercês concedidas pelo Monarca. Por conta disso, muitos se lançaram em viagens até a corte para solicitar pessoalmente ao Rei tais privilégios" (Carvalho Jr., 2005:219).

Os índios oficiais nas novas aldeias passavam também a ter privilégios políticos e econômicos. Entre as novas funções que adquiriam, incluíam-se as de repartir os índios para o trabalho e puni-los quando fosse necessário. Se na tradição tupi os chefes não tinham poder de coação, como afirmou Florestan Fernandes, passaram a tê-lo nas aldeias. Castigos e punições eram por eles aplicados. Além disso, no caso de queixas ou culpas a eles atribuídas, a legislação lhes dava condição especial. Sobre os castigos, bastante frequentes nas aldeias, onde não faltavam cadeias, pelourinhos e muitos açoites, é curioso observar os cuidados de padres e autoridades em evitar excessos que levariam a fugas e indisciplinas maiores. Preocupavam-se também em garantir que os castigos fossem aplicados pelos próprios índios, meirinhos ou principais.

O processo de ressocialização dos índios deu-se, portanto, através de complexas relações que, além das imposições, incluíam também acordos, concessões e tolerâncias. E, nesse processo, os padres também se transformavam. Vários trabalhos recentes demonstram como eles souberam recuar em seus dogmas para fazer inúmeras concessões aos índios. Há vários exemplos de desavenças entre os bispos e os jesuítas por conta de suas tolerâncias com os índios, incluindo as confissões por intérprete. Tais tolerâncias, deve-se ressaltar, não eram gratuitas, mas conquistadas pelos índios que, sujeitos ativos do seu processo de metamorfose, não necessariamente transformavam-se tanto quanto teriam desejado os padres, nem tampouco nos moldes traçados por eles.

Além da coerção física presente em todos os aldeamentos, os padres sabiam que era preciso conquistar os índios e manter vínculos de dependência. As sugestões do padre Vieira para o bom funcionamento das aldeias fornecem pistas sobre seu cotidiano e revelam cuidados na administração temporal para satisfazer necessidades sociais dos índios. A saúde, por exemplo, problema sério diante da alta mortalidade causada pelas epidemias, era objeto de preocupação dos jesuítas. Vieira propunha que em todas as aldeias houvesse hospital ou enfermaria próximo à casa do missionário. Incentivavam a colaboração dos índios considerados mais aptos para ajudar no atendimento às necessidades da comunidade e com isso atingiam dois objetivos: conseguiam auxiliares aumentando a eficiência de suas atividades ao mesmo tempo em que en-

Os índios na história do Brasil

volviam os índios mais diretamente no funcionamento das aldeias, fazendo-os sentir-se parte delas.

No cotidiano das aldeias, os padres preocupavam-se em preencher todas as horas livres do trabalho com ladainhas, rezas, missas, doutrinas, aulas de ler e escrever, cantos, festas religiosas etc. Dedicavam-se preferencialmente aos meninos que, segundo acreditavam, eram mais facilmente transformáveis e os auxiliavam em diferentes tarefas, incluindo o ensino. Todos os recursos de sedução da música, do teatro, das procissões e festas religiosas foram aproveitados pelos jesuítas. O esforço em articular o novo com o tradicional pode ser identificado também nos autos de Anchieta e nos catecismos e nos diálogos escritos. A prática da conversão fazia-se pela oralidade e os catecismos e diálogos escritos em tupi eram instrumentos usados nas pregações verbais dos missionários, que imitavam os gestos e a retórica dos pajés e principais para melhor atrair a atenção de seus ouvintes.

Do ponto de vista da religiosidade nas aldeias, não há como negar que, apesar das fugas e insubordinações, os índios parecem ter abraçado as novas práticas, dedicando-se especialmente às festas religiosas, procissões e aos cuidados com as igrejas. Cabe, no entanto, refletir sobre os significados que esses rituais tinham para os índios, provavelmente bem diversos daqueles entendidos pelos padres.

O antropólogo Eduardo Viveiros de Castro destacou a extraordinária capacidade dos grupos tupis de absorver o outro, sem deixar de ser ele mesmo. Assim, se os índios participaram intensamente das doutrinas e dos rituais dos padres, atribuíram a eles, provavelmente, seus próprios significados, como demonstram inúmeras situações aparentemente inusitadas e contraditórias. O batismo, por exemplo, sinal de conversão para os padres, devia ser algo bem distinto para os índios.

Considerado pelos caraíbas e pajés insurgentes como responsável pelas altas mortalidades entre os índios, o batismo foi por eles praticado às avessas. Isto é, no sentido inverso do que lhe era dado no cristianismo, já que a intenção era "desbatizar", como destacou Ronaldo Vainfas.

Mais instigante, no entanto, é constatar os diferentes significados também atribuídos ao ritual por parte daqueles que o aceitavam como cristãos. Relatório do presidente da província do Pará, em 1875, alertava para a necessidade de se proibir os índios de se batizarem mais de uma vez, como destacou Mario C. Henrique. É um claro indício de que o ritual era por eles vivenciado de forma bem peculiar. Esquemas mentais diversos para se entender o mundo e as coisas levavam a diferentes compreensões de uma mesma realidade ou evento. Assim, o que os padres podiam entender como conversão ou submissão, para os índios podia ser algo bem diverso.

O movimento milenarista anticristão conhecido como Santidade de Jaguaripe, tão bem analisado por Vainfas, é um ótimo exemplo nesse sentido. Seu líder, o índio Antonio, discípulo dos jesuítas, absorveu seus ensinamentos evangélicos ao seu próprio modo e fez uso deles da forma que lhe pareceu mais apropriada. Retomou o mito e a religião de seus antepassados, aos quais incorporou elementos do catolicismo e passou a pregar contra os padres e a colonização portuguesa. O movimento ilustra o quanto foi possível aos índios rearticularem seus valores, tradições e mitos no processo histórico para atender a novos objetivos e interesses que iam surgindo com as situações. Ali, mito e ritual se tranformaram, revelando que se os jesuítas foram capazes de absorver elementos do mundo indígena para pregar os seus valores, os índios não ficaram atrás: o papa, a Virgem Maria e outras figuras relevantes do mundo cristão tornaram-se personagens de destaque nas manifestações religiosas dos índios em oposição à ordem colonial. Afinal, a conversão oferecia aos índios também instrumentos para que eles contestassem a dominação não apenas religiosa, mas também colonial.

Os aldeados, no entanto, de um modo geral, não contestaram diretamente a ordem colonial. Envolveram-se nela e nos rituais cristãos, valorizando seus símbolos, entre os quais, as igrejas. Nas reivindicações apresentadas ao Rei, a necessidade de cuidar das igrejas e zelar pelos ofícios divinos aparecem sempre justificando seus pedidos de auxílio. Seria precipitado e simplista, parece-me, concluir daí que essas preocupações revelam conversões bem-sucedidas ou atendimento dos interesses dos padres. Este excessivo zelo com a igreja não condiz com muitas atitudes de descaso e tentativas de escapar às obrigações religiosas impostas pelos missionários. Cabe, pois, refletir sobre o significado simbólico das igrejas nas aldeias, isto é, sobre o que elas deviam representar para os seus habitantes índios. As igrejas constituíam, desde o século XVI, marcos de fundação das aldeias indígenas cujos nomes, *grosso modo*, derivavam dos santos aos quais elas eram dedicadas. Símbolo de criação e existência das próprias aldeias, não era, pois, de estranhar que as petições se fizessem em torno delas e de seus cuidados. Perdê-las poderia significar a perda da própria aldeia.

As tolerâncias dos padres e os interesses dos índios nas aldeias não evitavam as difíceis relações entre eles. Desde o século XVI, os documentos informam sobre fugas em massa, indisciplinas, insubordinações e outras enormes dificuldades enfrentadas pelos padres para lidar com os índios. Se estes últimos procuravam as missões buscando o mal menor, não titubeavam em abandoná-las, aliar-se aos colonos contra os padres ou simplesmente burlar suas regras ou destituir autoridades que não lhes agradavam. O processo de transformação dos índios em súditos cristãos fazia-se, portanto, lentamente, com muitos recuos, desafios e rebeldias, na experiência de interação entre índios e missionários. Nesse processo, os índios se transformavam muito, mas não necessariamente conforme os padrões dos jesuítas.

Tornar-se índio aldeado: ação política, mestiçagens e reconstruções identitárias nas aldeias

Os índios das aldeias compartilhavam a condição comum de serem nativos da América, de terem enfrentado a violência dos colonizadores e de terem todos se tornado índios. Tornaram-se, mais especificamente, índios da aldeia X ou Y, mantendo-se neste lugar jurídico específico até o século XIX, o que nos permite constatar que assumiram a identidade que lhes foi dada pelo poder colonial.

Isso não significa negar o acentuado processo de mestiçagem por eles vivido e sua intensa inserção no mundo colonial. Reconhecer essas aldeias como espaços de reelaboração identitária, nos quais as múltiplas etnias se transformaram muito, sem deixarem de ser índios, fundamenta-se mais nas mudanças do que nas permanências. Em outras palavras, essa ideia não se sustenta com a identificação de traços culturais indígenas remanescentes nas aldeias, e sim nas formas como o processo de mudança foi sendo vivenciado e como as novas identidades foram assumidas e ressignificadas.

Já foi visto que as atuais tendências teóricas sobre etnicidade tendem a priorizar as dimensões políticas e históricas vividas pelos grupos indígenas, em situação de contato, sem considerar a cultura e muito menos as relações consanguíneas como elementos definidores dos grupos étnicos. Na verdade, as fontes pouco informam sobre reminiscências culturais ou relações consanguíneas no interior das aldeias, porém informam muito sobre os conflitos. Nas petições encaminhadas ao Rei, os aldeados identificavam-se pelo nome de batismo português e pela aldeia na qual habitavam. Foram feitos súditos do Rei e era tal posição que possibilitava solicitar mercês, sendo consequentemente a mais valorizada por eles no mundo colonial. Se as referências aos nomes dados pelos portugueses aos grupos étnicos antes dos aldeamentos (tamoios, tupiniquins, temiminós etc.) realmente se perderam ou foram colocadas em segundo plano, outra forma de identificação mais interessante para os índios, em situação colonial, era por eles frequentemente acionada: a de índio aldeado. Sugerida ou mesmo imposta pelos colonizadores, tal identidade foi muito bem apropriada pelos índios, que souberam utilizá-la para conseguir as vantagens e os benefícios que tal condição proporcionava.

Ao ingressar nas aldeias, os vários grupos étnicos se misturavam e passavam a viver o processo de territorialização, conforme expressão de João Pacheco de Oliveira, isto é, passavam a habitar um território fixo dado ou até imposto, conforme as circunstâncias, por uma ordem político-administrativa externa ao grupo. Entre as muitas mudanças por eles vividas, inclui-se a reelaboração das relações com o próprio território, de acordo com as novas necessidades do mundo colonial.

As terras das aldeias eram, como visto, um bem de significativo valor para os índios. Apresentavam-se nos acordos de paz e de descimento como fator fundamental para assegurar sua sobrevivência na colônia. No entanto, uma vez aldeados, os índios aprenderiam rapidamente a extrair de seus territórios outras formas de rendimentos, além da agricultura. Afinal, vivendo muito próximos ou mesmo dentro de centros urbanos, muitos se inseriram em suas atividades mercantis e produtivas. Arrendamentos, vendas e exploração de recursos naturais, inclusive ilegais, foram algumas das formas de negociação da terra incorporadas pelos índios. Essas negociações, muitas vezes, se faziam com a intermediação dos jesuítas, porém os documentos apresentam claros indícios dos interesses dos índios nas transações. Eles negociavam as terras e contribuíam para introduzir não índios (brancos, negros ou mestiços) no interior das aldeias, porém souberam também valer-se da lei para tentar evitar as expansões ilegítimas de seus foreiros.

Não há, pois, como negar os interesses particulares de muitos índios, em geral líderes, que se envolviam nas transações comerciais e produtivas da colônia. Negar esse tipo de interesse seria, a meu ver, retomar uma perspectiva que tende a idealizá-los, considerando-os puros e incorruptíveis, voltados única e exclusivamente para os ideais da coletividade. Os índios, tais como os indivíduos de qualquer outro grupo social, tinham evidentemente interesses particulares que, com certeza, se alteravam conforme suas experiências de vida e as circunstâncias históricas. O anseio por bens materiais foi um valor senão adquirido, pelo menos fortemente incentivado no mundo da colônia, e as chefias indígenas usaram de seus privilégios para obtê-los. Alguns deles tinham terras particulares fora das aldeias, cabeças de gado e até escravos, conforme alguns registros.

Isso, no entanto, não descarta o caráter coletivo da grande maioria das disputas pelas terras das aldeias, conforme se observa na documentação. Se vários líderes reivindicavam em causa própria e corriam atrás de suas ambições pessoais, não necessariamente descuidavam das reivindicações coletivas. Afinal, tinham privilégios porque agiam como mediadores e o mau desempenho desse papel podia causar sua destituição

Os índios na história do Brasil

pelos próprios índios, como ocorreu em várias ocasiões. Além disso, seu poder de barganha com as autoridades fundamentava-se na sua condição de líder.

Sem aprofundar a discussão sobre as controvertidas relações entre lideranças, índios comuns e autoridades coloniais (civis ou eclesiásticas), convém descartar interpretações simplistas que tendem a considerar os líderes como manipulados pelas autoridades e/ou como oportunistas em relação a seus comandados. Essas relações complexas e ambíguas devem ser vistas conforme as especificidades das situações, levando-se em conta evidentemente que os critérios de liderança também se alteravam com a dinâmica dos processos históricos e das relações entre os atores.

O bom relacionamento com padres e autoridades era, com certeza, uma nova qualidade das chefias bastante apreciada pelos aldeados. Da mesma forma, a acumulação de bens e a rede de relacionamentos com setores sociais de destaque na colônia deviam se constituir como novos símbolos de prestígio para as chefias. Estudos recentes, principalmente na América espanhola, têm demonstrado como os índios podiam estar fortemente inseridos nos circuitos urbanos da colônia, sem necessariamente perder os vínculos com a comunidade. Evidentemente, isso não significa negar que muitos tenham optado por abandonar definitivamente as aldeias e não mais se identificar como índios. Fugas temporárias e também definitivas sempre fizeram parte do cotidiano das aldeias.

Além dos conflitos de terra, outras questões desencadeavam divergências. O trabalho dos aldeados provocou sempre muitos embates em diversas regiões e não ocorriam à revelia dos índios. Sobre isso, é curioso observar a reivindicação de Miguel Duarte, índio do Cabelo Corredio. Ele se apresentava, em 1741, como "procurador de todos os mais índios aldeados no distrito da Capitania do Rio de Janeiro e das mais capitanias anexas àquele governo..." Solicitava aumento de soldo, argumentando que "...como leais vassalos de V. M. estão sempre prontos para o seu real serviço, tanto nas obras que se fazem na cidade, como pelas mais capitanias..."[6] Referia-se aos exaustivos serviços prestados, com prejuízo de suas mulheres e de seus filhos que ficavam na aldeia sem ter quem os sustentassem. O parecer do Conselho foi favorável. Esse requerimento é particularmente interessante porque revela uma identificação dos aldeados num âmbito que vai além das aldeias. Trata-se de uma ação coletiva encaminhada por um índio que se assumia como representante de índios de diferentes aldeias, que tinham em comum o fato de serem aldeados, trabalhar para os serviços do Rei e serem mal pagos. Outros exemplos de envolvimento dos índios em questões referentes ao seu trabalho aparecem na documentação, revelando sua consciência sobre a condição específica por eles ocupada no mundo colonial e do papel que ali desempenhavam. Subordinados, sem dúvida, porém com alguns direitos que procuravam garantir, inserindo-se diretamente nas disputas sobre seus trabalhos e salários.

Não é possível, portanto, negar a ação política dos índios aldeados para garantir alguns direitos que a legislação colonial lhes assegurava. A ação política e coletiva estabelecia o sentido de união em torno de um objetivo comum, contribuindo, de forma essencial, para desenvolver neles o sentimento de identificação de grupo e de pertencimento a uma aldeia e ao próprio Império Português. Percebe-se aí dois elementos destacados por Max Weber como essenciais para a

---

[6] Arquivo Histórico Ultramarino. Rio de Janeiro (Catálogo Castro e Almeida). Caixa 48, Documento 11346.

Os índios na história do Brasil

formação do sentimento de comunhão étnica: a ação política comum e o sentimento subjetivo de comunidade.

Foram várias as razões que levavam os índios a reivindicar direitos, porém a luta pela garantia das terras das aldeias parece ter sido, ao menos na capitania do Rio de Janeiro, especialmente importante para dar coesão aos aldeados e mantê-los unidos nessa condição até o século XIX. A aldeia era um forte referencial de identificação, pois era a partir dela que os índios se identificavam. Encaminhavam suas petições ao Rei, valorizando o passado de lutas em defesa do império português, enfatizando, muitas vezes, o papel aí desempenhado pelas próprias aldeias. Afinal, o caráter defensivo marcou o estabelecimento da maioria delas e iria ser sempre lembrado nas reivindicações apresentadas pelos índios.

Os líderes de São Lourenço traçavam sua origem a partir da fundação da aldeia, remontando sua história à conquista do Rio de Janeiro e enaltecendo o feito de seus antepassados. Em 1650, por exemplo, Manuel Afonso de Souza, líder da aldeia e prestigiado descendente de Arariboia, encontrava-se em Lisboa e no curto espaço de alguns meses encaminhou dois requerimentos ao Rei, solicitando benefícios, exatamente pela sua condição de súdito indígena, filho de personagem notório e pelo cargo que recebera como mercê. Evidenciava autoestima e consciência do valor de seu papel para os interesses da Coroa portuguesa. Foi atendido nas duas petições.

A documentação sobre as aldeias é farta em exemplos que revelam terem os índios se identificado perante as autoridades, colonos e missionários a partir da posição que ocupavam no mundo colonial. Além disso, apropriavam-se não só dos códigos lusitanos para defender suas reivindicações, mas da própria história colonial, na medida em que se incluíam nela, colocando-se ao lado dos vencedores e proclamando igualmente suas glórias e feitos heroicos, reconstruindo, junto com suas identidades, suas histórias e memórias.

Apesar dos limites das fontes para se pensar a construção da memória social dos índios aldeados, os requerimentos das lideranças das aldeias fornecem pistas interessantes sobre isto. Quando, em suas petições, os suplicantes se reportavam aos anos de serviços prestados ao Rei e aos grandes feitos realizados por eles, estavam, na verdade, apropriando-se dos valores e das glórias da sociedade colonial. Com isso, enalteciam suas ações, angariavam reconhecimento social e buscavam uma explicação plausível para sua condição de aliados e subordinados aos portugueses. Valorizavam-se aos seus próprios olhos e diante dos outros.

Defender fronteiras do reino luso era um ato heroico perante as autoridades coloniais e digno de ser ressaltado. Suas histórias entrelaçavam-se com a dos colonizadores nas quais se incluíam na posição de heróis. Viam-se como aliados dos poderosos portugueses, com os quais dividiam as honras e as glórias das conquistas militares. A conquista e a colonização, emblemas da destruição do mundo indígena, aparecem nos escritos das lideranças como empreendimentos vitoriosos, nos quais eles participaram intensamente, merecendo, por isto, as mercês de Sua Majestade. Os grandes feitos de Arariboia, a conquista da Guanabara e a defesa da cidade do Rio de Janeiro eram grandes trunfos dos índios de São Lourenço. Misturavam suas histórias com a dos portugueses, mas não se viam como derrotados. Eram, ao contrário, heróis vitoriosos que lutavam lado a lado com os padres e as autoridades.

Construía-se, assim, uma memória social que passava a ser comum e compartilhada pelos vários grupos que se misturavam no interior das aldeias, vindos de experiências de derrotas e capitulações diversas. As múltiplas etnias reunidas nas aldeias tinham, como visto, as mais variadas trajetórias, inclusive de lutas e desavenças entre si, até que se viram reunidas num mesmo espaço físico, no qual vivenciavam um processo comum de ressocialização. Era, portanto, uma memória coletiva construída num contexto de extrema violência contra os povos indígenas: guerras intensas, doenças, massacres, preconceitos, discriminações, proibições de cultos e tradições.

O conhecimento do passado constitui elemento fundamental para as disputas por terra e para as negociações políticas, pois fornece informações sobre o processo de dominação e sobre os direitos legais. Os índios aldeados, sem dúvida, lançaram mão desse conhecimento histórico em suas reivindicações, sobretudo quanto à terra. A memória coletiva desses índios construía-se com a ideia de procedência do grupo, a partir do estabelecimento da aldeia e da doação de terras, ou pelo menos era assim que se posicionavam quando reivindicavam seus direitos.

A transformação da memória, da cultura e das identidades desses povos pode ser vista, portanto, como instrumento de luta nas novas condições em que se encontravam. Os índios de São Lourenço e muitos outros assumiram a identidade de subordinados, recebida dos colonizadores, mas reelaboraram-na de forma a transformá-la em identidade gloriosa. Transformaram a derrota em vitória, trocando a condição de perdedores submissos, na qual a dominação os colocara, pela de vencedores da ordem colonial, fiéis servidores não só dos missionários e das autoridades locais, mas também, e principalmente, do Rei distante.

O processo de etnogênese, para Jonathan Hill, deve ser entendido como "(...) adaptação criativa a uma história geral de mudanças violentas – incluindo colapso demográfico, deslocamentos forçados, escravização, militarização étnica, etnocídio e genocídio – impostos durante a expansão histórica dos estados coloniais e nacionais nas Américas" (Hill, 1996:1). Isso pode ser aplicado aos índios aldeados da América portuguesa. Em nossos dias, principalmente no nordeste do Brasil, vários grupos indígenas considerados extintos reaparecem afirmando suas origens nos aldeamentos missionários, o que reforça o papel das aldeias como espaços de reconstrução identitária.

Deve-se ressaltar, no entanto, a complexidade desse longo processo de metamorfoses étnicas e culturais, que requer a problematização de muitos aspectos cuja discussão não cabe no âmbito deste livro. O longo processo de reelaboração de identidades, culturas e memórias dos índios aldeados caminhou junto com o intenso processo de mestiçagem. Afirmar que os aldeados continuavam índios após tantas mudanças tem mais a ver com a forma como viveram essas mudanças do que com a manutenção de supostas tradições. Cabe, pois, considerar que, em meados do século XVIII, em muitas regiões, devia ser muito difícil distinguir os aldeados dos grupos com os quais se relacionavam por aspectos culturais, laços consanguíneos e/ou caracteres físicos distintos. Muito provavelmente, os aldeados tornaram-se mestiços, sem, no entanto, deixarem de ser índios. Unificavam-nos o fato de pertencerem à aldeia e o compartilhamento de um passado comum, bem como a ação política coletiva em busca dos direitos que lhes tinham sido dados. Os aldeados podiam, então, ser classificados ora como índios, ora como mestiços, principalmente após as reformas pombalinas, como se verá a seguir.

Capítulo 5

Política indigenista de Pombal e políticas indígenas

Pombal introduziu mudanças significativas na política indigenista da Coroa portuguesa. Foi o primeiro passo para a política de assimilação dos índios que iria se acentuar no decorrer do século XIX. Em meados do século XVIII, a valorização dos índios na condição de vassalos do Rei alcançaria novas dimensões na conjuntura internacional de intensas disputas territoriais na América. Após a assinatura do Tratado de Madri (1750), Portugal e Espanha concentravam esforços na demarcação das novas fronteiras. O papel de garantir a soberania dos territórios no ultramar, já atribuído aos índios desde o século XVI, seria, então, particularmente acentuado.

Ocupar espaços e estender a administração portuguesa aos chamados sertões envolvia direta e fundamentalmente populações indígenas. Considerados pela própria documentação como "muralhas do sertão", os índios foram, nesse período, intensamente disputados pelos monarcas europeus, por sua condição de súditos, tanto no norte quanto no sul do continente. Daí a importância a eles atribuída pela política pombalina, que dedicou especial cuidado à expansão e ao povoamento do território português, sobretudo em regiões de disputa. Pesquisas recentes têm demonstrado como os índios souberam valer-se das rivalidades entre os europeus para obtenção de possíveis vantagens.

A proposta assimilacionista foi a grande inovação de Pombal em relação às leis anteriores. Seu objetivo era transformar as aldeias em vilas e lugares[7] portugueses, e os índios aldeados em vassalos do Rei, sem distinção alguma em relação aos demais. A nova legislação foi aplicada de diferentes formas, conforme as especificidades locais e as características dos grupos indígenas para as quais se dirigiam, tendo encontrado reações diversas por parte destes últimos. Em algumas áreas, efetuavam-se descimentos e criavam-se novas aldeias; em outras, desencadeavam-se guerras e estabeleciam-se acordos com os principais nos sertões; e em áreas de colonização mais antiga, a proposta era extinguir as aldeias, acabando com a distinção entre índios e não índios. Essas práticas podiam desenvolver-se concomitantemente e em regiões muito próximas, pois integravam uma mesma política indigenista que procurava assimilar "índios bravos" dos sertões e índios aliados das aldeias. Aos primeiros cabia atrair, aldear, civilizar e assimilar; enquanto aos demais, já há séculos aldeados, cabia simplesmente assimilar, misturá-los à massa populacional e extinguir as aldeias. A essas práticas, os índios responderam de formas diversas. Se muitos resistiram através de fugas e rebeliões, outros colaboraram e souberam valer-se da lei para assegurar possíveis ganhos. A política indigenista de Pombal deve, pois, como as demais, ser compreendida de forma arti-

---

[7] De acordo com o Diretório, as aldeias missionárias poderiam se tornar vilas, que seriam governadas por juízes ordinários, vereadores e mais oficiais de justiça; ou lugares, aldeias independentes governadas pelos principais, sob a direção dos Diretores.

culada às políticas indígenas, que contribuíam para delinear seus rumos.

O Diretório dos Índios: rupturas e continuidades

A política de Pombal para os índios deve ser compreendida no contexto mais amplo das reformas pombalinas, que visavam essencialmente a fortalecer o poder absoluto do Rei de Portugal, combatendo os setores que o desafiavam, entre os quais se destacavam o setor antimonopolista da burguesia mercantil, o setor antiabsolutista da aristocracia nobiliária e o setor hegemônico da aristocracia eclesiástica. Seu objetivo era fortalecer o reino português através de um controle mais rigoroso sobre sua colônia.

A demarcação de fronteiras era uma prioridade e a região norte foi foco de atenções especiais por parte da Metrópole. Não foi à toa que o governador do estado do Grão-Pará e Maranhão foi o próprio irmão do Marquês de Pombal: Francisco Xavier de Mendonça Furtado. Foi ele o responsável pela redação do chamado Diretório dos Índios ou Diretório Pombalino, como se convencionou chamar a nova legislação referente aos índios que passou a regular a vida e as atividades dos aldeados. Proposto inicialmente para a Amazônia (1757), o Diretório seria estendido, no ano seguinte, para todas as regiões da América portuguesa.

Vale ressaltar que o Diretório manteve, em linhas gerais, as diretrizes básicas das legislações anteriores, sobretudo do Regimento das Missões de 1686. Entre as continuidades, destacam-se a divisão dos índios nas categorias de mansos e selvagens, a obrigação do trabalho compulsório para os aldeados, a condição de tutela a eles imposta que seria, então, exercida pelos Diretores, e a garantia das terras das aldeias para os índios. Mantinham-se também os privilégios concedidos aos principais. Em algumas regiões, permaneceriam os cuidados para que os índios não fugissem e os incentivos aos descimentos para manter os níveis da população indígena nas antigas aldeias, transformadas em povoados portugueses.

A mudança mais significativa foi a proposta de assimilação. Coerente com ela, algumas medidas foram inovadoras: a proibição dos costumes indígenas nas aldeias, incluindo a imposição do português que deveria substituir a língua geral, o forte incentivo à miscigenação e o fim da discriminação legal contra os índios, que deixavam de estar sujeitos às limitações impostas pelos estatutos de limpeza de sangue.

Além do Diretório, outras leis sobre os índios foram estabelecidas na mesma época. A Lei da Liberdade dos Índios (1755) proibia a escravização indígena em quaisquer circunstâncias; a Lei de Casamentos (1755) incentivava a mestiçagem, dando benefícios àqueles que se casassem com índios, principalmente em áreas periféricas, onde havia poucos brancos. De acordo com Mauro Coelho, o Diretório de 1757 teria resultado dos embates entre os atores sociais para adaptar essas leis anteriores de forma a garantir a manutenção do trabalho compulsório dos índios. Sua análise sobre o Diretório demonstra que ele foi fruto de acordos e negociações entre a Metrópole e a colônia.

Sem dúvida, na Amazônia, o objetivo explícito da política pombalina em transformar os índios em súditos agricultores chocava-se com a realidade econômico-social da região, na qual os índios eram a principal força de trabalho. As várias medidas de Pombal, algumas específicas para a Amazônia, complementavam-se para dar conta do projeto desenvolvimentista da região. Entre elas, cabe citar: a criação da capitania do Rio Negro (1755), a criação da Companhia Geral do Comércio do Grão-Pará e Maranhão (1755), o alvará com força de lei, tirando dos padres o poder temporal das aldeias (1755), a elevação das aldeias e missões à categoria de vilas e lugares com suas denominações lusitanizadas e o próprio Diretório (1757). Todas essas medidas se associavam em um projeto único no qual a região norte e a assimilação dos índios aparecem como preocupações essenciais. Visava-se a garantir a soberania do território para Portugal, afastando os religiosos e promovendo o desenvolvimento da agricultura e do comércio, o que aumentaria os rendimentos e dízimos da fazenda real.

A quantidade de leis relativas aos índios nos dá a dimensão de sua importância para o projeto. Ao sugerir, pela primeira vez, a criação da companhia do comércio com o objetivo de introduzir escravos negros na Amazônia, para livrar os índios da injusta escravidão, Francisco Xavier de Mendonça Furtado afirmava que "...se porão os índios de boa-fé com os moradores e faremos com eles novas povoações que encham estes sertões, porque não pode haver outro caminho de serem povoados senão pelos naturais do país" (Citado em Mendonça, 1963:459).

Para implantar essa política, uma das principais medidas foi o incentivo da presença de brancos no interior das antigas aldeias. O §39 do Diretório estabelecia que "não se proíba aos moradores do estado comerciar com os índios em suas próprias povoações, porque se conservaria a odiosa separação que até agora se tem praticado". O §80 tratava da política de incentivo à presença dos brancos nos aldeamentos, referindo-se também à necessidade de acabar com "...a odiosa separação entre huns e outros (...)", como forma de promover a civilidade dos índios. Estabelecia-se que qualquer morador poderia "...assistir nas povoações logrando todas as honras e privilégios que S. M. for servido conceder aos moradores delas (...) com a ressalva que para isso deveriam ter licença do governador e que os diretores lhes distribuiriam terras sem prejudicar os índios, (...) os primários e naturais senhores das mesmas terras..." (Beozzo, 1983:128-168).

Esses parágrafos não deixam dúvidas sobre a importância atribuída pela nova política à mistura entre índios e não índios. A retirada do poder temporal dos jesuítas e sua posterior expulsão somavam-se a essas medidas para incentivar a presença dos não índios nas aldeias e introduzir nelas a administração leiga, na figura dos Diretores de índios. Coerente com os princípios do Iluminismo, que orientava as propostas políticas do período, a ideia de civilização para os índios passava a preponderar sobre a de catequese. A substituição de religiosos por leigos na administração das aldeias era condizente com as novas tendências. Além disso, convém lembrar que, na avaliação de Pombal, os jesuítas constituíam uma das principais forças políticas que desafiavam o poder monárquico e deveriam ser extirpadas.

De acordo com a lei de 1755, os índios deveriam ser preferidos para os cargos oficiais nas vilas, decisão essa mantida pelo Diretório que, no entanto, considerou-os rústicos, ignorantes e sem aptidão para o governo. Por essa razão, decidiu-se colocar em cada uma das povoações, enquanto os índios não pudessem se governar, um Diretor cuja função seria a de dirigir os oficiais para que não fossem negligentes. Dessa forma, os índios ficavam subordinados à tutela do diretor que, nomeado pelo governador e capitão-general do estado, passava a exercer a função de administrador da aldeia, devendo dirigir todas as atividades dos aldeados. Para isso, recebia a sexta parte do que produziam, com exceção dos gêneros alimentícios. Os desmandos e abusos desses diretores foram amplamente denunciados em várias regiões da colônia, tendo gerado inúmeras revoltas dos índios contra eles. Não foram poucas as autoridades que apoiaram os índios nas denúncias contra esses funcionários.

Os índios na história do Brasil

Proibia-se a discriminação contra os índios e o fim das distinções entre eles e os moradores, mantendo-os, contudo, na condição de aldeados, sujeitos ao trabalho compulsório e subordinados à tutela do diretor. A terra das aldeias que se transformaram em vilas, freguesias ou lugares continuou também pertencendo aos índios e, em algumas regiões, passou a ser muito mais disputada. Percebe-se, pois, as muitas continuidades em relação às políticas anteriores, continuidades essas que se faziam com a conivência dos líderes indígenas.

Sem aprofundar a controvertida questão sobre a expulsão dos jesuítas, que deve também ser vista no contexto mais amplo das reformas pombalinas, importa destacar que seu afastamento provocou algumas mudanças significativas para os índios das aldeias por eles administradas. Os aldeados perdiam, deve-se dizer, poderosos aliados nas disputas com os moradores sobre questões de terra e trabalho. Estes últimos, por sua vez, ficavam mais à vontade para se misturar com os índios e avançar sobre suas terras, pois além de incentivados pela nova lei, estavam livres da severa vigilância dos jesuítas que, em vão, haviam se esforçado por mantê-los afastados.

De aldeias indígenas a vilas e lugares portugueses: as primeiras experiências na Amazônia

O processo de transformação das aldeias em vilas e lugares portugueses iniciou-se, na Amazônia, em 1756, com a aldeia de Trocano que passou a se chamar vila de Borba. Em princípio, a proposta parecia simples: determinava-se o local das construções públicas, como a praça, a igreja, a câmara, a cadeia etc.; levantava-se o pelourinho; designavam-se as autoridades competentes e, a partir de então, o novo núcleo português passaria a se autossustentar e a pagar dízimos à Fazenda Real.

Porém, se parecia fácil erigir uma aldeia em vila, construí-la realmente e mantê-la em funcionamento, acabando com as distinções entre índios e não índios, era tarefa bem mais complicada, como evidenciam várias pesquisas em diferentes regiões do Brasil. As diversidades de situações e de respostas dos índios às políticas a eles dirigidas podiam ocorrer em regiões muito próximas e, além disso, continuamente se alteravam, o que torna praticamente impossível abordar a questão de forma generalizada. Na própria Amazônia, o imenso território do estado do Grão-Pará e Maranhão comportava uma considerável diversidade regional que incluía os mais variados níveis de inserção dos índios na colônia. Isso gerou diferentes procedimentos políticos, tanto por parte das autoridades quanto dos índios.

A região oeste (que constitui aproximadamente o atual estado do Amazonas) era, até meados do século, um dos principais redutos de mão de obra indígena e de drogas do sertão, cuja administração cabia às ordens religiosas, em especial, aos carmelitas, que tinham missões nos rios Negro e Solimões. Essa região iria merecer especial atenção na conjuntura de demarcação de fronteiras. Para dar cumprimento ao Tratado de Madri, Francisco Xavier de Mendonça Furtado dirigiu-se, em 1754, à aldeia de Mariuá, às margens do Rio Negro, para encontrar-se com a comissão de demarcação espanhola. No ano seguinte, por razões estratégicas, Mendonça Furtado, instruído por seu irmão, criou ali a capitania do Rio Negro. A aldeia de Mariuá tornou-se capital da nova capitania, com o nome de Barcelos.

Desde então, a orientação administrativa se fez no sentido de transformar as aldeias missionárias em vilas e lugares lusitanos, povoando-os com índios que promoveriam o desenvolvimento agrícola da região. A lei das liberdades atingia,

Os índios na história do Brasil 115

assim, dois objetivos: responderia, de certa forma, ao caráter ilustrado da política pombalina, com seus limitados ideais liberalistas, ao mesmo tempo em que criava o "povo" necessário para ocupar os novos núcleos portugueses. A preocupação básica era ocupar o território. Não foi à toa que a aldeia jesuítica de Trocano, entreposto comercial no rio Madeira e caminho da capitania do Pará para as minas de Mato Grosso, tornou-se, em 1756, a primeira vila portuguesa da região.

A partir daí seriam erigidas muitas outras vilas e lugares, porém com imensas dificuldades. De acordo com Patrícia Sampaio, uma rebelião indígena iniciada no aldeamento de Dari (Lama-Loga) estendeu-se pela região impedindo que o governador, Joaquim de Mello e Povoas, visitasse as povoações da capitania e cumprisse os ritos de elevar as antigas aldeias à condição de vilas e lugares, o que só iria ocorrer no fim de 1759. A falta de gêneros alimentícios constituía outro sério empecilho ao estabelecimento de novas povoações e à realização de descimentos. Negociar com os principais era fundamental para que a política de descimentos tivesse continuidade e, ainda assim, não garantia o cumprimento do acordo entre as partes.

A imensa população indígena existente na Amazônia, no século XVIII, não estava absolutamente à disposição da empresa colonial, quer como mão de obra, quer como "povo" necessário para garantir o território. A capitania do Rio Negro iria se manter através de um esforço contínuo das autoridades portuguesas para injetar recursos e manter os níveis populacionais nas novas vilas e lugares. Eram frequentes as queixas das autoridades pelos sérios problemas que enfrentavam "pela grande distância e grande extensão daquele sertão" e, principalmente, pela falta de cooperação dos índios, que fugiam em massa, deixando-os no total desamparo.

Uma das principais preocupações da administração leiga da capitania do Rio Negro foi a de manter os "descimentos" como principal fonte de abastecimento populacional para criar e manter os novos núcleos portugueses. A política de povoamento da Amazônia ocidental deve ser vista, pois, como política de transferência de contingentes populacionais cuja consequência foi o esvaziamento constante das aldeias de origem. Os documentos revelam as imensas dificuldades das autoridades em manter os níveis populacionais nas novas vilas e lugares, continuamente esvaziados por fugas em massa, e em manter a prática dos descimentos, cada vez mais difíceis. O aumento populacional observado nos mapas de população dessa época deve ser entendido, portanto, no seu real significado: crescimento de índios aldeados, isto é, transferidos de suas aldeias de origem para as povoações portuguesas. Era um processo contínuo de formação de povoados e diminuição de povos.

A política pombalina de transformar as aldeias missionárias em vilas e lugares portugueses na capitania do Rio Negro, pela necessidade estratégica de estender a administração lusa até aqueles confins, esbarrou com imensas dificuldades provenientes, ao que parece, das características econômico-sociais, demográficas e culturais da região. De acordo com os mapas de população do século XVIII, a população total da capitania do Rio Negro variava ao redor de 11 mil habitantes, dos quais aproximadamente 89% eram de índios aldeados, 8% de pessoas livres ou moradores e 2% de escravos. Os índios eram, então, o alicerce da empresa colonial, e tinham que servir, ao mesmo tempo, como "povo" para ocupar o território e como força de trabalho essencial para garantir a reprodução da sociedade. As coletas do sertão constituíam a principal fonte de renda da capitania, mas significavam também um obstáculo ao povoamento e ao desenvolvimento agrícola, na medida em

Os índios na história do Brasil

que os índios, já escassos nas vilas e lugares, eram afastados de suas roças para as expedições de coleta. Além disso, as populações indígenas recusaram-se muitas vezes a cumprir os papéis que a colonização a eles atribuíra.

Ao estudar a colonização do Rio Branco na década de 70 do século XVIII, Nadia Farage considerou que a produção de excedentes era incompatível com as formas tradicionais de produção da população indígena local, consideração essa que pode ser estendida para várias outras regiões da Amazônia. Além disso, deve-se considerar que a fuga, em meados do setecentos, apresentava-se como possibilidade atraente em tais áreas, onde a terra ainda era farta e abundante.

Nem todos, no entanto, optavam por fugir. No amplo território da Amazônia, as estratégias de resistência indígena à nova política foram variadas. Se na capitania do Rio Negro as fugas predominavam, em outras áreas, mesmo dentro da Amazônia, muitos índios optaram por ficar e negociar possíveis ganhos na nova situação. Convém considerar, ainda, que as fugas não significavam, necessariamente, uma total rejeição à ordem colonial. Idas e vindas entre os sertões e aldeias e entre rebeliões e acordos eram, como visto, muito frequentes. Sobre isso, é interessante observar as distinções estabelecidas por Bárbara Sommer para pensar as fugas temporárias e saídas definitivas da ordem colonial, identificadas por ela no interior da Amazônia. Segundo a autora, as fugas temporárias eram mais frequentes em áreas nas quais as novas povoações substituíam antigos aldeamentos, o que reforça a ideia de reconstrução identitária e cultural no seu interior. Além da maior estabilidade alcançada por grupos que já viviam em situação de contato por gerações, a menor incidência de fugas nas áreas de colonização mais antiga deve ser atribuída também ao fato de que, nessas áreas, os sertões encolhiam-se cada vez mais com o avanço da colonização e apresentavam menores possibilidades de sobrevivência. Isso, com certeza, tornava as fugas menos atraentes nessas regiões, onde muitos índios optaram por ficar nas aldeias, negociar e assumir com interesse alguns papéis de destaque a eles atribuídos pela nova política pombalina.

Política de igualdades ou manutenção das diferenças?

Se a política indigenista de Pombal visava a acabar com as distinções entre índios e não índios, é instigante constatar que suas variadas formas de aplicação baseavam-se, fundamentalmente, na manutenção das diferenças. Nesse sentido, pode-se observar mais uma considerável continuidade em relação às políticas anteriores. As distinções se mantiveram em vários níveis: 1) entre os próprios índios habitantes das aldeias (principais e comuns); 2) entre índios bravos dos sertões e índios mansos das aldeias; 3) entre índios e não índios.

Convém, no entanto, considerar que, embora não tenha sido efetiva para acabar com preconceitos e discriminações contra os índios, tornando-os iguais aos demais vassalos, nem tampouco com as diferenças entre eles, a política pombalina deu aos índios possibilidades de reivindicação que eles souberam aproveitar em diferentes circunstâncias. A Lei da Liberdade, por exemplo, foi bastante utilizada por índios já inseridos no mundo colonial, como demonstrou Leônia Rezende. De acordo com a autora, índios das vilas de Minas Gerais, em grande parte identificados como mestiços, nas variadas categorias de pardos, caboclos etc., fizeram amplo uso da legislação pombalina para evitar a escravização. Muitos se recusavam a casar com escravos negros, proclamando sua condição de livres. Vários processos de petição de liberdade estudados por Rezende indicam que eles afirmavam a identidade indígena para escapar da escravização ilegítima.

Por outro lado, a manutenção das distinções, nos três níveis citados, serviria também aos índios, sobretudo a lideranças que souberam aproveitá-la em benefício próprio ou dos grupos liderados. As distinções se mantiveram com a sua conivência, como informam estudos recentes em várias regiões.

Principais x comuns: enobrecimento de lideranças e hierarquias nas aldeias

Conceder honras e benefícios a alguns índios era parte da política portuguesa desde o século XVI, e os principais, por seu prestígio junto às suas comunidades, foram sempre beneficiados. Seu importante papel de intermediários entre as autoridades coloniais e os demais índios seria, no entanto, particularmente valorizado com a política pombalina. Ângela Domingues enfatizou a especial importância adquirida pelo *principalato* na Amazônia no período, quando novas regalias foram oferecidas aos principais. Se, em períodos anteriores, os índios com cargos oficiais nas aldeias já eram isentos do trabalho compulsório, com o Diretório, o §50 dava-lhes o direito de mandar índios ao sertão para trabalharem para si. Embora muitos deles possam ter mantido a prática de produzir apenas para a subsistência, não foram poucos os que se envolveram com significativo interesse nas atividades produtivas e mercantis da colônia. A possibilidade de usufruir do trabalho compulsório de outros índios desempenhou um papel fundamental na consolidação das diferenciações hierárquicas entre os índios, conforme ressaltou Patrícia Sampaio.

Inúmeros exemplos de índios interessados em acumular bens materiais e em ter acesso a cargos, títulos e honrarias próprios da colônia têm sido revelados por pesquisas em diferentes regiões. A legislação pombalina ampliou considera-velmente essas oportunidades, sobretudo quanto ao acesso a cargos e ofícios militares, pois os índios deixavam de ser incluídos entre as chamadas raças infectas sujeitas às limita-ções impostas pelos estatutos de limpeza de sangue. Embora antes de Pombal eles já ocupassem cargos, muitas vezes com patentes, sua atuação restringia-se aos aldeamentos indígenas sob supervisão de padres superiores ou de capitães leigos. A partir de meados do setecentos, não só passaram a ocupá-los nas novas vilas e lugares portugueses, como ainda deveriam ter prioridade para preenchê-los, conforme estabeleciam a lei de 1755 e o §84 do Diretório. Em várias regiões, os índios se tornaram vereadores, oficiais de câmara e obtiveram patentes militares. Essa prática foi especialmente acentuada na Amazô-nia, onde os moradores brancos eram pouquíssimos. Dessa for-ma, acabar com as discriminações contra os índios e transfor-má-los em súditos iguais aos demais eram metas que visavam também a criar condições para que os cargos administrativos das novas vilas fossem ocupados por índios. Daí tanta ênfa-se na proposta de civilização. Tornar os índios civilizados e iguais aos demais súditos era, além de fundamental, coerente com o caráter ilustrado e regalista do período, no qual se va-lorizava mais a ideia de civilizar do que a de catequizar. Isso se evidencia pelo significativo número de itens do Diretório voltados para a extirpação dos costumes indígenas ainda pre-sentes nas aldeias.

No entanto, as desigualdades, as discriminações e as dis-tinções hierárquicas, principalmente no interior dos novos povoados, se mantiveram e até se consolidaram pela convivên-cia dos próprios índios que, beneficiados com os privilégios e cargos obtidos, souberam apreciá-los e fazer usos deles. A política indigenista de Pombal construía-se e aplicava-se em

Os índios na história do Brasil

interação com políticas indígenas que respondiam a ela de diferentes formas.

Em algumas regiões da Amazônia, sobretudo nas novas vilas mais próximas a Belém, as lideranças souberam aproveitar com muito orgulho e gosto as regalias dos seus cargos. Ali, os aldeados já deviam ter, em meados do setecentos, uma experiência mais prolongada com a cultura política do Antigo Regime, o que, provavelmente, os levava a reações diversas da de seus pares da capitania do Rio Negro. Se, para estes, a fuga foi a principal opção frente à nova política, para os primeiros o prestígio e benefício dos cargos parece ter sido mais atraente.

Em regiões próximas a Belém, foram muitos os principais que se tornavam oficiais e membros das novas câmaras municipais, conforme demonstrou Rafael Ale Rocha. A política de mercês incentivada pela Coroa portuguesa para estreitar seus laços de vassalagem com os índios foi muito bem recebida e utilizada por eles, que assumiam os cargos e interessavam-se em confirmar patentes indo, muitas vezes, à Corte, em Lisboa, para obtê-las. A hereditariedade da chefia introduzida pelos portugueses foi também bastante valorizada pelos principais da Amazônia setecentista. Agiam de forma muito semelhante aos descendentes de Arariboia, valorizando a trajetória dos serviços prestados ao Rei.

O interesse em consolidar os laços de vassalagem parecia, portanto, recíproco, entre a Coroa portuguesa e os principais indígenas que sabiam valorizá-los. Tais laços que se alicerçavam na manutenção da ordem hierárquica entre principais e índios comuns, fortaleciam-se ainda mais, deve-se dizer, com a permanência de outro tipo de distinção entre os índios: os bravos e os mansos. Afinal, os principais indígenas das aldeias e, muito provavelmente, também os índios comuns a eles subordinados, diferenciavam-se dos chamados "bárbaros" dos sertões e sabiam aproveitar essas diferenças para obter vantagens.

Bárbaros x civilizados: incorporação de povos do sertão e permanência das distinções

A distinção entre índios mansos e selvagens seria particularmente reforçada pela política pombalina. O discurso de oposição entre barbárie e civilização se mantinha e se reforçava, como ressaltou Patrícia Sampaio, pelo envolvimento dos agentes sociais que dela participavam. O uso dessas diferenças como estratégias de reivindicação política por parte das populações aldeadas contribuía para consolidá-las. O papel de defensores dos interesses do Rei, principalmente na defesa da terra não só contra invasores estrangeiros, mas, sobretudo, contra índios hostis, era sempre valorizado nas petições encaminhadas ao Rei pelos principais das aldeias. A existência dos "bárbaros dos sertões" favorecia-os, então, na medida em que ampliavam suas oportunidades de desempenharem função essencial para o cumprimento da política assimilacionista.

Cabe lembrar que a política pombalina para assimilar os diferentes grupos indígenas da América portuguesa tinha procedimentos diversos, conforme as populações indígenas com as quais lidava. As propostas de atração e negociação para os índios do sertão, não raras vezes, eram substituídas ou acompanhadas por investidas armadas, dependendo das reações dos grupos. De qualquer forma, fossem quais fossem as medidas adotadas, elas sempre implicavam na participação indispensável dos aldeados. No primeiro caso, agiam como intermediários e, no segundo, como guerreiros. Afinal, em meados do XVIII, em várias regiões da América portuguesa,

Os índios na história do Brasil

novos contingentes indígenas continuavam sendo, incessantemente, incorporados à sociedade colonial, o que contribuía para reforçar a distinção entre bárbaros e civilizados, como bem lembrou Sampaio.

Dessa forma, a ideia dualista de oposição entre barbárie e civilização e entre índios mansos e bravos, presente na legislação e no imaginário dos agentes sociais em contato (índios, autoridades, colonos, missionários, viajantes etc.), desde o século XVI, acentuava-se nesse período e orientava os diferentes procedimentos de aplicação da política indigenista. Incorporar os bárbaros e assimilar os aldeados eram metas que se traduziam em políticas de atração ou de confronto para os primeiros, e de assimilação ou extinção enquanto categoria étnica para os últimos.

Cabe aqui retomar o questionamento já apresentado sobre a suposta divisão rígida entre o mundo da barbárie e o da civilização. Os diferentes procedimentos da política indigenista de Pombal, tais como atração, acordos, confrontos, civilização e assimilação não eram absolutamente excludentes, nem se aplicavam de forma linear. Ao contrário, essas práticas podiam ser concomitantes e/ou complementares, superpondo-se e substituindo-se, conforme a dinâmica das relações entre os agentes. Passar da condição de aldeados para a de bravos dos sertões e vice-versa já era frequente, desde o século XVI, em fronteiras fluidas e porosas, onde as interações entre uns e outros eram contínuas.

Estar na aldeia não significava necessariamente abandonar a chamada vida errante, assim como fugir para o sertão não queria dizer o abandono definitivo da aldeia. Se as fugas temporárias foram mais frequentes, em áreas de colonização antiga, como lembrou Sommer, nas áreas de fronteira, elas também ocorriam e deviam se acentuar, na medida em que a colonização avançava e os sertões diminuíam, dificultando as possibilidades de sobrevivência fora dos acordos coloniais.

Pesquisas recentes em regiões de fronteira evidenciam o vaivém dos índios entre os sertões e as aldeias e entre a condição de aldeados e de índios bravos. A complexidade das relações nessas regiões não nos permite, portanto, estabelecer divisões rígidas e simplistas entre índios aldeados e dos sertões, ou entre bárbaros e civilizados, uma vez que os índios circulavam bastante entre um estado e outro. Ao concentrar esforços para atrair os grupos que se encontravam fora da administração portuguesa e, principalmente, ao incentivar a mistura e a miscigenação entre índios e não índios, a legislação pombalina iria contribuir consideravelmente para acentuar a interação entre estes últimos.

Na capitania do Rio de Janeiro, às margens do rio Paraíba, na região conhecida, então, como "sertão dos índios bravos", os coroados, coropós e puris foram sendo atraídos e aldeados entre meados do século XVIII e o início do XIX, através do esforço de particulares e dos padres capuchinhos. Estes últimos substituíram os jesuítas nessa tarefa, porém, não procuravam mantê-los isolados, como haviam tentado, em vão, seus antecessores. Ao contrário, incentivavam a mistura com os não índios para o mais rápido possível promover sua assimilação, conforme a política vigente. Os índios circulavam entre fazendas, sertões e aldeias com o apoio de autoridades civis e eclesiásticas. Márcia Malheiros demonstrou a intensa presença de índios nas fazendas do norte fluminense, onde eram instalados por iniciativa dos próprios religiosos. Os capuchinhos escolhiam para eles padrinhos entre os fazendeiros que, com prazer, os acomodavam em suas terras, onde passavam a constituir importante força de trabalho.

Os índios na história do Brasil 125

É importante, então, assinalar que, no interior da capitania do Rio de Janeiro, também havia diferenças consideráveis na aplicação da política pombalina e no interesse dos moradores e autoridades em relação aos índios. Enquanto no Vale do Paraíba aldeias se estabeleciam e o interesse dos moradores voltava-se principalmente para o trabalho dos índios, nas áreas de colonização antiga, as terras iam se tornando o principal objeto dos confrontos.

Nos sertões e aldeias do nordeste, as interações entre os bravos e os mansos, ou as mudanças de uma condição para outra, também são visíveis na documentação, conforme revelou Ricardo Medeiros. O autor identificou várias situações em que índios aldeados abandonavam as aldeias para voltar a viver nos sertões. Os vários procedimentos para a aplicação do Diretório na capitania de Pernambuco foram também identificados pelo autor. Entre eles, incluíam-se: o combate aos rebeldes dos sertões, o estabelecimento de aldeias, a transferência compulsória dos aldeados para novas vilas e a repartição dos índios para trabalhar nas obras públicas.

A política indigenista para as populações não inseridas na ordem colonial envolveu também muita negociação, principalmente em conjunturas de guerras e ameaças. Além da violência, concessões, tolerâncias e acordos caracterizaram a política pombalina para lidar com esses grupos, como demonstram vários estudos localizados. Ao norte e ao sul do continente, Elisa Garcia e Nádia Farage demonstraram como os europeus procuravam agradar aos índios, tanto os aldeados como os do sertão, para atraí-los como vassalos de seus respectivos reinos.

No sul do continente, os esforços das autoridades concentravam-se em convencer os índios dos antigos aldeamentos espanhóis de que viver sob a administração lusa era bem mais vantajoso. Para isso, faziam acordos com lideranças indígenas que habilmente jogavam com as rivalidades entre os reinos ibéricos. Mais instigante, no entanto, é perceber a atuação dos charruas e minuanos nesses episódios. Eram grupos fora das fronteiras, com os quais portugueses e espanhóis também negociavam. Como os demais, eles souberam aproveitar as oportunidades de barganhar e aceitar acordos sem se inserirem, por completo, na ordem colonial, como demonstrou Elisa Garcia.

Assim, a propagada oposição rígida entre barbárie e civilização tão útil à política indigenista, desde os primórdios da colonização, apresentava-se muito mais nas legislações e nos discursos de autoridades, intelectuais, viajantes e dos próprios líderes indígenas do que na realidade cotidiana dos sertões. Ali, circulavam e se mesclavam os mais variados agentes coloniais, índios e não índios.

Para os índios das antigas aldeias, a política indigenista tinha outras diretrizes cujos rumos iriam se delinear de acordo com a dinâmica dos acordos e conflitos entre os atores envolvidos.

Índios x não índios: propostas de assimilação e resistências indígenas

A transformação das antigas aldeias indígenas em vilas e freguesias nas capitanias do Rio de Janeiro e de Pernambuco e suas anexas envolveu muitas disputas por terras que se intensificariam no decorrer do oitocentos, estendendo-se até a extinção oficial das várias aldeias. Foi um processo lento e gradual que se desenrolou de meados do XVIII à segunda metade do XIX, com avanços e recuos, que contaram com a atuação dos próprios aldeados, cujas reações eram diversas. Ora se aliavam, ora se confrontavam com moradores, missionários e autoridades municipais. Os aldeados mantinham, como se sabe, direitos assegurados pela legislação da Coroa Portuguesa por sua condição distinta da dos demais vassalos do Rei. Direitos, portanto, ancorados na distinção étnica em relação aos não índios. Assim, a afirmação da identidade indígena construída no interior das aldeias coloniais era, para eles, importante instrumento de reivindicação política. Por tal razão, essa identidade continuaria sendo acionada até meados do XIX, quase um século depois de Pombal ter lançado a proposta assimilacionista. A permanência das distinções podia servir, portanto, também aos índios que souberam usá-la em proveito próprio.

Cabe, no entanto, lembrar que as distinções entre os índios e não índios permaneceram, principalmente, por interesse e iniciativa das próprias autoridades, conforme se pode verificar na legislação e nos documentos oficiais. O Diretório manteve os aldeados em posição subalterna, pois continuavam obrigados ao trabalho compulsório e sujeitos ao regime de tutela exercido pelo diretor. Alguns se tornavam moradores, porém continuavam índios e sujeitos a preconceitos e discriminações. Na Amazônia setecentista, por exemplo, os mapas de população dividiam-se em índios aldeados, moradores brancos e escravos negros, o que evidencia a permanência das distinções. O mapa de famílias de 1778 das capitanias do Pará e do Amazonas é bem claro a esse respeito, pois ao separar moradores brancos de moradores índios, revela que, mesmo classificados como moradores, os índios continuavam distintos dos brancos.

No Rio de Janeiro, documentos estatísticos sobre vilas e freguesias apresentam características muito semelhantes. Alguns deles, além de registrarem as freguesias como aldeias, listavam os moradores e os índios separadamente. Na capitania de Pernambuco, uma relação dos novos estabelecimentos das vilas e lugares dos índios do governo (1764) apresenta também as aldeias existentes ou agregadas, evidenciando a permanência da distinção no próprio documento, como observou Ricardo Medeiros. Em outras regiões do Brasil, documentos semelhantes devem ter sido produzidos demonstrando a manutenção das distinções e contribuindo para reforçá-las. A nova política, portanto, não impediu que os súditos indígenas do Rei, habitantes das antigas aldeias e cada vez mais misturados com os não índios, continuassem, ainda por muito tempo após as reformas pombalinas, identificando-se e sendo identificados como índios.

O Diretório na capitania do Rio de Janeiro

As informações sobre a transformação das aldeias em vilas e lugares na capitania do Rio de Janeiro são esparsas e lacunares. Em 1758, chegaram à cidade várias cartas régias instruindo diferentes autoridades sobre como proceder em relação às mudanças estabelecidas pelo Diretório. Medidas foram tomadas no sentido de preservar as terras das aldeias para os índios e confiscar os bens dos jesuítas. Há evidências sobre a preocupação em manter o patrimônio das aldeias para os índios, apesar do incentivo à presença cada vez mais intensa dos brancos em seu interior e das usurpações ilegais que se faziam. Apesar das mudanças, as aldeias se mantiveram em seus locais de origem e não se misturaram. Todas se tornaram logo freguesias, porém apenas São Barnabé foi erigida à categoria de vila, ainda no século XVIII.

Em meados do setecentos, os problemas de terra nas aldeias agravavam-se, na medida em que as terras devolutas iam escasseando e as demandas por elas se ampliavam. A expulsão dos jesuítas complicou a situação, pois além das terras confiscadas aos padres terem voltado ao domínio da Coroa, passando a ser disputadas e pedidas em sesmarias, os índios perdiam poderosos aliados em seus enfrentamentos com os moradores. Foi uma época de inúmeros conflitos e avanço dos moradores sobre as terras das aldeias. O desenvolvimento socioeconômico da capitania implicava na conquista e incorporação dos sertões mais distantes, com a criação de novas aldeias, e na ameaça cada vez mais intensa ao patrimônio indígena nas aldeias já seculares. Intensificavam-se os conflitos e resistências por parte dos índios. Houve, inclusive, tentativas de extinção de aldeias e de deslocamento de índios, muitas vezes frustrados pela ação dos próprios aldeados interessados em permanecerem onde estavam.

É ilustrativo o caso da aldeia de São Francisco Xavier de Itaguaí, que chegou a ser extinta e restaurada por ordem da rainha em atendimento à solicitação do capitão-mor índio, José Pires Tavares, que se dirigiu a Lisboa para defender a aldeia. O caso é bastante complexo e não cabe ser aqui detalhado. Importa, no entanto, ressaltar que os argumentos contrários à manutenção da aldeia afirmavam a condição de mistura e dispersão dos índios. Estes, por sua vez, reivindicaram os direitos seculares pela identidade indígena e venceram a causa, contrariando os interesses do dono de um engenho construído no interior da aldeia, que queria expulsá-los. Nessa disputa, vale destacar, os aldeados associaram-se aos moradores interessados em transformar a aldeia em vila e mantê-la no mesmo local onde se encontrava. Para isso, aliaram-se aos índios, opondo-se ao dono do engenho que queria deslocá-la. Venceram a causa, criaram a vila e estabeleceram a câmara, que não tardou a decretar o fim da aldeia. A temporária aliança com os moradores permitiu aos índios manter a aldeia por mais algum tempo, embora os interesses contrários logo tenham se manifestado, levando à sua extinção. Mais uma vez, os índios acabaram perdendo, porém o episódio evidencia a fluidez e complexidade de alianças e de interesses entre os grupos em contato.

Vários outros casos sobre disputas e acordos entre moradores e índios por questões de terras das aldeias são visíveis na documentação sobre o período na capitania do Rio de Janeiro. Esses casos revelam que apesar do estímulo à presença de não índios nas aldeias e da permissão e incentivo para o estabelecimento de benfeitorias em seu interior, havia por parte das autoridades preocupação em resguardar os direitos dos índios sobre as terras e rendimentos das aldeias. Controvérsias sobre a classificação étnica dos aldeados já aparecem nos argumentos dos atores envolvidos nos conflitos do período. Ser ou não ser índio implicava em assegurar ou perder terras coletivas das aldeias, de forma que essas controvérsias, ou mesmo disputas por classificações étnicas, podem ser vistas como disputas políticas e sociais. Além disso, é importante assinalar que as imprecisões das fontes sobre as classificações dos indivíduos ou grupos nas categorias de índios ou mestiços refletem, com certeza, a fluidez e a pluralidade dessas identidades na sociedade colonial setecentista.

O Diretório na capitania de Pernambuco e suas anexas

As adaptações do Diretório para sua aplicação na capitania geral de Pernambuco e suas anexas (Ceará, Rio Grande e Paraíba) foram elaboradas pelo próprio governador, Luiz Diogo Lobo da Silva, encarregado de implantar ali a nova lei. Por meio do documento intitulado "Direção com que interinamente se devem regular os índios das novas vilas e lugares eretos nas aldeias da capitania de Pernambuco e suas anexas", estabeleceram-se algumas mudanças em relação ao Diretório. Entre elas, de acordo com Isabelle Silva, incluem-se: a distribuição das terras (que seria feita de forma individual e de acordo com a graduação, cargos e postos ocupados pelos moradores e não na forma de equidade e justiça, como previa o Diretório); a repartição do trabalho indígena que deveria ser mais restrita aos moradores porque os índios eram ali prioritários para defender a terra; a diminuição do pagamento ao diretor (que receberia 6% e não a sexta parte, como estipulado no Diretório).

Com exceção das adaptações a respeito das terras, as demais mudanças aparentemente beneficiavam os índios, o que se coaduna com as visíveis preocupações do governador em mantê-los satisfeitos. Seu extremo cuidado com a reação dos índios à política a ser adotada pode ser percebido nas "cartas persuasivas" endereçadas aos principais das aldeias, para convencê-los de que a política pombalina iria beneficiar os índios. De acordo com Isabelle Silva, cada aldeia recebia uma carta específica dirigida ao principal, embora com conteúdos similares. Ligio Maia também destacou a preocupação do governador em estabelecer laços com os poderes locais, principalmente com o mestre de campo índio, D. Felipe de Souza e Castro. Este era o líder da antiga aldeia de Ibiapaba, chamada braço forte da capitania, pelos importantes serviços de defesa que seus habitantes prestavam ao Rei. Líder tabajara, D. Felipe foi, sem dúvida, um dos principais personagens desse processo de implantação da política pombalina em Pernambuco. Seu poder derivava do importante posto de liderança exercido na aldeia de Ibiapaba. Além de ser a mais populosa da região, essa aldeia era reduto de tropas militares indígenas, tendo sido a primeira da capitania a ser erigida em vila, em 1759, com o nome de Viçosa Real.

Sobre a distribuição das terras nas novas vilas, os documentos referentes às capitanias do nordeste contêm informações mais detalhadas do que as disponíveis para o Rio de Janeiro. Sem detalhar a questão, importa ressaltar que a presença de não índios no interior das aldeias, embora incentivada pela legislação, era controlada pelas autoridades preocupadas em não desagradar às lideranças e em garantir terras suficientes para os índios. Isso poder ser claramente percebido em alguns litígios sobre questões de terra, conforme ressaltou Fátima Lopes. Estudos de caso evidenciam a preocupação das autoridades em regulamentar o avanço dos não índios sobre as terras das vilas. Evidenciam também o acentuado poder de barganha das lideranças indígenas, principalmente de D. Felipe de Souza e Castro.

Do exposto, percebem-se significativas semelhanças nos processos de aplicação do Diretório nas capitanias do Rio de Janeiro e de Pernambuco e suas anexas, principalmente quanto às disputas por demarcações de terra e aforamentos no interior das novas vilas e freguesias, envolvendo índios e moradores. Apesar dos arrendamentos a não índios e da intensa presença destes últimos, nas novas vilas e freguesias, os embates sobre demarcações se mantinham. Os líderes indígenas lançavam mão de seus direitos ancestrais para tentar limitar a expansão sobre terras que consideravam suas. Reivindicavam com base na lei, pois o Diretório, apesar da intenção declarada de acabar com as aldeias e de incentivar o ingresso de não índios em seu interior, mantinha o direito dos aldeados sobre suas terras coletivas.

Além disso, convém lembrar que, nessas áreas de colonização antiga, as possibilidades de fuga e sobrevivência nos sertões eram cada vez mais restritas diante do avanço da colonização e da diminuição de terras devolutas. Essas terras eram mais escassas no Rio de Janeiro, onde, nesse período, os conflitos agrários nas aldeias parecem bem mais intensos do que no nordeste. A necessidade e importância do trabalho dos aldeados variavam também conforme as regiões. Era, ainda, muito utilizado na capitania do Rio de Janeiro, principalmente nas regiões mais distantes, como no vale do rio Paraíba. No nordeste, a função guerreira dos índios era essencial. Isso, com certeza, dava aos chefes indígenas, como D. Felipe, maior poder de negociação do que tinham seus pares nas antigas aldeias do Rio de Janeiro. Apesar das consideráveis diferenças entre as situações das antigas aldeias nas duas capitanias, parece possível afirmar que, em ambas, embora em dimensões diversas, elas continuassem, em meados do século XVIII, representando para os índios um espaço de proteção e segurança diante do avanço da colonização.

A política indigenista de Pombal foi extremamente complexa e desdobrou-se em leis e procedimentos variados, conforme as regiões e os grupos para os quais se dirigia. Esses desdobramentos devem ser compreendidos localmente e de forma articulada às políticas indígenas que estabeleciam os seus limites e possibilidades. Diante disso, parece não ter muito sentido falar de sucesso ou de fracasso da política indigenista de Pombal no contexto da América portuguesa. Não há como negar que alguns de seus objetivos foram alcançados, entre os quais se destaca a expansão e a garantia das fronteiras portuguesas com o auxílio dos índios. Outros, no entanto, tomaram rumos diversos dos esperados, ainda que, em parte, possam ter sido atingidos. Alguns ficaram longe de ser alcançados, pelo menos a curto prazo. No último caso, destacam-se as propostas assimilacionistas. Foram implantadas na medida do possível, tanto pelos interesses das autoridades quanto dos próprios índios, para os quais a manutenção das diferenças ainda garantia ganhos. Pombal lançou as bases para desencadear o longo processo de extinção das aldeias coloniais que iria se estender pelo século XIX.

Capítulo 6

Etnicidade e nacionalismo no século XIX

A independência do Brasil e a formação do Estado imperial impuseram a necessidade de se construir a nação, que até então não existia. Cabia instituir no país uma unidade territorial, política e ideológica, criando uma memória coletiva que unificasse as populações em torno de uma única identidade histórica e cultural. A ideologia do novo Estado brasileiro baseava-se nos valores europeus de modernização, progresso e superioridade do homem branco. Aos políticos e intelectuais do oitocentos colocava-se, então, um grande desafio. Como construir uma nação e uma história de brancos a partir de uma realidade repleta de índios e negros?

A pluralidade étnica e cultural, tão valorizada em nossos dias, não tinha lugar nessa época. Predominava a ideia de que uma nação deveria ser constituída de um território, um povo, uma língua, uma cultura e uma história. Aos políticos e intelectuais do Brasil, cabia homogeneizar populações extremamente diversas do ponto vista étnico e cultural, unificando-as em torno de identidades e histórias comuns.

Sua difícil tarefa se agravava pela necessidade de fazer frente às teorias de inferioridade do continente americano e de suas populações, que estavam em voga na Europa e com as quais, em grande parte, eles concordavam. Era preciso criar uma identidade coletiva que os diferenciasse dos europeus, fortalecesse sua autoestima, e ainda incorporasse os mais diversos grupos étnicos e sociais presentes nos seus territórios. Para as populações indígenas das aldeias em contato com a sociedade colonial por um período de três séculos, o desafio era continuar existindo enquanto comunidades, no momento em que o novo estado acentuava a política assimilacionista que visava a extingui-las como etnias diferenciadas.

A enorme diversidade de populações indígenas no território brasileiro dificultava não só a ação política de caráter geral, como também a construção de uma única imagem de índio condizente com os ideais da nova nação. Do ponto vista político, a proposta assimilacionista seria mantida e acentuada, com procedimentos diversos, como já vinha ocorrendo desde o período pombalino. Do ponto de vista ideológico, discutia-se a possibilidade de tornar o índio símbolo nacional. O desafio era grande e as divergências eram muitas. Afinal, os índios ocupavam terras, ameaçavam colonos, recusavam-se ao trabalho e lutavam para conservar suas aldeias. Como transformá-los em símbolo nacional se eram considerados inferiores e ameaças ao desenvolvimento e progresso econômico do Estado? Certamente, esses índios não serviam para simbolizar a nação, nem tampouco para compor o projeto de construção da memória e história coletivas do novo Estado.

Foi a imagem idealizada do índio que permitiu, no plano ideológico, transformá-lo em símbolo nacional. Essa imagem pouco teria a ver com os reais habitantes dos sertões e das aldeias do Império. Discursos e obras políticas, literárias, histó-

Os índios na história do Brasil 137

ricas, científicas e artísticas desse período caracterizaram-se pela idealização dos índios do passado, enquanto tornavam invisíveis ou demonizavam os grupos ou indivíduos indígenas ainda muito presentes no território brasileiro. Estes últimos, bastante vivos e atuantes no século XIX, eram presença constante nos artigos das revistas do Instituto Histórico e Geográfico Brasileiro (IHGB), nos Relatórios dos Presidentes de Província, na correspondência entre autoridades diversas e nas discussões da Assembleia Legislativa e das Câmaras Municipais. Discutia-se intensamente o que fazer com eles. Essa documentação não deixa dúvidas sobre a atuação desses povos ao longo do oitocentos; atuação essa que, como em períodos anteriores, influenciava os rumos das políticas para eles traçadas.

Imagens do índio

É possível identificar pelo menos três imagens de índios nos discursos históricos, literários e políticos do oitocentos: os "idealizados do passado", os "bárbaros dos sertões" e os "degradados" das antigas aldeias coloniais.

Os do primeiro grupo foram enaltecidos na literatura, na música, na pintura e em nossa história nacional. De acordo com Manuela Carneiro da Cunha, sua imagem corresponde, convenientemente, ao "índio morto". Os índios dos romances de José de Alencar, por exemplo, estão muito longe da realidade. Sem qualquer atitude de rebeldia ou confronto, surgem apenas como aliados dos portugueses aos quais dedicam devoção e lealdade. É curioso observar que os índios enaltecidos em nossa história em grande parte se assemelham a eles. É o caso, por exemplo, de Felipe Camarão, de Arariboia e de alguns outros chefes que se aliaram aos portugueses, tornaram-se cristãos e contribuíram com sua coragem e virtudes para o engrandecimento da nação. Assemelham-se ao Peri do romance de Alencar, na medida em que não se moviam por vontade própria, mas em função e em benefício de seus aliados, os portugueses, seus agentes civilizadores. Essas caracterizações apoiavam-se em documentos nos quais essas lideranças são, muitas vezes, descritas dessa forma idealizada, principalmente por missionários. Novas leituras sobre esses documentos permitem, como visto, interpretações bem diversas. Afinal, esses grandes chefes, sem dúvida, colaboraram com os portugueses, mas não como o Peri de Alencar. Moviam-se por vontade própria e sua lealdade era, na verdade, bastante discutível, na medida em que podiam trocar de aliados com considerável desenvoltura.

Mas a história que se configurava como disciplina no IHGB do século XIX era coerente com os ideais de seu tempo. Era uma história de elites para elites e se nela não havia lugar para os homens comuns, muito menos haveria para os índios vivos para os quais se propunha a assimilação. Era uma história pragmática, linear e progressista, fundamentada nas ideias de civilização e progresso. Além disso, buscava-se realizar uma história universalista, na qual os chamados "povos primitivos" eram vistos como antepassados da humanidade, correspondendo aos ancestrais da raça humana. O lugar dos índios nessa história só poderia estar no passado.

A obra de Von Martius, vencedora do prêmio lançado pelo IHGB para escolher o trabalho que melhor indicasse as linhas mestras para uma história do Brasil, é reveladora da concepção predominante entre os membros do Instituto sobre a importância de se incluir o índio na memória coletiva, como símbolo da nação. A proposta do autor vinculava o desenvolvimento do país ao aperfeiçoamento das três raças, cada qual com características e papel próprio: o branco era o agente civilizador que deveria ajudar o índio a resgatar sua dignidade original através da civilização, enquanto o negro era detratado e visto como empecilho ao progresso. A proposta de Von Martius encontraria séria oposição em Varnhagen, que não via no índio nenhum sinal de virtude e não comungava a concepção de torná-lo símbolo nacional. Considerava-o bugre, selvagem, sem quaisquer possibilidades de civilizar-se. Suas ideias, no entanto, não encontraram ressonância entre seus pares, tendo predominado a tendência para a valorização do índio do passado.

As concepções dos intelectuais em relação aos índios estavam bem de acordo com a política indigenista do Império. Para estudá-los, foi criada a seção de etnografia e arqueologia no IHGB. Buscavam-se as origens do homem americano para enaltecê-lo, de forma a construir uma imagem positiva dos antepassados. Estudos arqueológicos foram, segundo Rodrigo Turim, particularmente incentivados com o objetivo de encontrar grandes monumentos que revelassem serem os "nossos selvagens" portadores de uma nobre antiguidade indígena nos moldes peruanos ou mexicanos. Além disso, políticos e intelectuais também apontavam a importância do conhecimento sobre os índios para "trazer braços ao império e civilização para os sertões", como destacou Kaori Kodama. Entre os membros do Instituto, predominava, segundo a autora, a percepção de decadência dos índios cujo destino era o breve desaparecimento.

Outras imagens seriam construídas para os índios, que tinham presença significativa na sociedade brasileira e impunham desafios ao Estado: esses eram "bárbaros dos sertões" e/ou "degradados". Para eles, dirigia-se a política assimilacionista que, orientando-se pelo princípio geral de civilizar os índios e incorporá-los ao Estado na condição de cidadãos, continuaria variando bastante conforme as situações e necessidades. Uns seriam combatidos, outros assimilados.

Os "bárbaros dos sertões" eram os índios que se rebelavam, ocupavam terras, resistiam às novas leis e foram representados nos discursos políticos e intelectuais como selvagens ameaçadores para a raça branca. Na literatura brasileira, foram representados por José de Alencar como os aimorés e aparecem como bárbaros, horríveis, ferozes, diabólicos etc. Na realidade brasileira oitocentista, o índio real e ameaçador surgiu principalmente na figura dos aguerridos botocudos, contra os quais foi declarada guerra justa, em 1808, pela forte resistência que opuseram à invasão de seu território.

Os índios considerados "degradados" eram aqueles das aldeias que, por longo tempo integrados às sociedades coloniais, eram vistos como misturados, minoritários, miseráveis e preguiçosos. Apesar dos esforços assimilacionistas desencadeados desde as reformas pombalinas, chegaram ao século XIX ainda se identificando como índios e esforçando-se por garantir seus direitos coletivos. Para eles, direcionavam-se os discursos políticos e intelectuais que visavam a transformá-los em civilizados cidadãos do nascente Estado brasileiro, extinguindo suas aldeias consideradas decadentes e empecilhos ao progresso.

Os intensos debates intelectuais e políticos sobre o tema indígena, no século XIX, evidenciam que o assunto estava na ordem do dia. Discutia-se essencialmente se os índios deviam ser integrados de forma pacífica ou violenta. Essa discussão vinculava-se a outra de caráter mais filosófico, relacionada à condição de humanidade dos índios. As concepções políticas e ideológicas sobre os índios se associavam e eram fundamentalmente influenciadas pelas realidades econômico-sociais do novo Estado. Como destacou David Treece, as representações romantizadas do índio que apareceram de diferentes formas na literatura, na música e na pintura não estavam descoladas da realidade política e social do período. Eram, sem dúvida, construções idealizadas, porém estavam ancoradas nos contextos históricos em que foram elaboradas. Os intelectuais e artistas por elas responsáveis não viviam, absolutamente, alheios às discussões políticas e sociais sobre os índios. Na maioria das vezes, envolviam-se nelas diretamente pelas funções políticas exercidas, e quando não o faziam, suas obras, de um modo geral, influenciavam e eram influenciadas pelas realidades que vivenciavam. Os intelectuais responsáveis pela construção das imagens sobre os índios, bem como os viajantes cujas descrições contribuíam para reforçá-las, comungavam, *grosso modo*, as ideias de assimilar os índios e transformá-los em eficientes cidadãos do novo império. Seus discursos e representações eram coerentes com a política indigenista do XIX.

Política indigenista e políticas indígenas

A extinção do Diretório pela Carta Régia de 1798 não impediu que muitas de suas diretrizes continuassem vigorando ao longo do oitocentos. Apesar da ausência de uma política indigenista de caráter geral, que só seria estabelecida em 1845, com o Regulamento das Missões, a política assimilacionista foi mantida e acentuada, dando sequência às propostas lançadas por Pombal. A aplicação dessa política continuou variando, conforme as diferentes categorias de índios e sua inserção em regiões com situações econômico-sociais diversas. Guerras violentas, criação de novos aldeamentos e extinção de antigos foram práticas que coexistiram e se sucederam no Império. Todas visavam a um mesmo fim: a ocupação das terras indígenas e a transformação de seus habitantes em cidadãos eficientes e trabalhadores para servir ao novo Estado.

A chegada da Corte ao Rio de Janeiro, em 1808, e a declaração de guerra justa aos botocudos, e posteriormente aos kaingangs, não significaram profundas rupturas em relação a políticas anteriores. A distinção entre mansos e selvagens se acentuou, sem dúvida, com a declaração dessa guerra, porém, o Príncipe Regente manteria a prática de zelar pela defesa dos índios aliados, enquanto incentivava violentamente o combate aos inimigos. Para os aldeados, a situação não se alterou muito, pois continuavam vendo no Rei, agora mais próximo, o justiceiro para o qual podiam recorrer diante das injustiças dos poderes locais. Não foram poucos os líderes indígenas que se deslocaram à Corte para pessoalmente pedir ao Rei a defesa de suas terras. Alguns podiam vir de regiões muito distantes, como revelam vários documentos.

No entanto, no Rio de Janeiro, o desenvolvimento socioeconômico da capitania impulsionado pela presença da Corte afetaria tanto os índios das aldeias quanto os dos sertões. O crescimento populacional e o aumento da demanda por terras pressionavam-nos em dois sentidos: pela extinção, em áreas de ocupação antiga, de aldeias seculares sob a pressão de moradores e colonos interessados em suas terras e rendimentos; e pela ocupação de novas áreas, o que gerava conflitos ou, de preferência, acordos.

As novas aldeias estabelecidas nesse período teriam vida curta, pois já se estabeleciam, conforme as leis pós-Diretório, com a intenção de civilizar e assimilar, o mais rápido possível, os recém-aldeados. O processo de transformação dessas aldeias tardias em freguesias e vilas, com o aumento cada vez maior de não índios em seu interior, apresenta consideráveis semelhanças com os aldeamentos antigos, porém num ritmo muitíssimo mais acelerado. Se, nesses últimos, o movimento se fez em torno de três séculos, nas primeiras, ele ocorreu em cerca de três décadas. Sobre isso é instigante o exemplo da aldeia de Valença, no vale do rio Paraíba. Marcelo Lemos demonstra a importância do trabalho dos índios para os fazendeiros da região e, ao mesmo tempo, o rápido avanço sobre suas terras diante da expansão das fazendas de café. A aldeia foi criada em 1801 por um abastado fazendeiro, José Rodrigues da Cruz, que, tendo sido bem-sucedido em sua iniciativa de aproximar-se dos índios coroados, foi encarregado pelo vice-rei de aldeá-los e administrá-los. A aldeia enfrentou desde cedo muitos conflitos por terra, com intensa participação dos índios, e foi transformada em vila, em 1826. Quanto ao descimento e administração particular dessa aldeia, é importante destacar, com Patrícia Sampaio, que a Carta Régia de 1798 passara a incentivar essas práticas, antes proibidas e limitadas pela Coroa. Os tempos eram outros e já não havia preocupações em evitar o controle dos particulares sobre os índios. Ao invés disso, procurava-se poupar os gastos da fazenda real, incentivando os particulares a descerem índios por sua própria conta e a criar aldeias sobre as quais podiam ter controle. Paralelamente a isso, autoridades e religiosos estimulavam o apadrinhamento de índios por fazendeiros que, interessados em seu trabalho, frequentemente os instalavam em suas próprias terras. Ao contrário dos jesuítas, os novos mediadores interessavam-se em misturar os índios com moradores e estimulavam idas e vindas entres sertões, aldeias e fazendas.

A missionação dos capuchinhos, que já vinha sendo incentivada desde a expulsão dos jesuítas, ganharia novo impulso no Império brasileiro, principalmente com o Regulamento das Missões de 1845. De acordo com Marta Amoroso, eles tiveram importante atuação no estabelecimento de novas aldeias durante o Segundo Reinado e deixaram significativos registros sobre sua experiência, evidenciando a diversidade de situações com as quais lidavam. O governo central exercia forte controle sobre missões e frades que eram considerados funcionários do Império e pagos como capelães militares, conforme destacou a autora.

Nessa época, deve-se lembrar, a ideia de civilizar prevalecia sobre a de catequizar, e embora houvesse preocupação em evangelizar os índios, outras formas de assentamento em regiões de fronteiras internas e externas eram incentivadas. Os presídios foram estabelecidos como colônias militares, nas quais se instalavam os índios que uma vez "pacificados" contribuiriam para defender as regiões e ao mesmo tempo atrair novos grupos. Ao lado dos religiosos, alguns militares assumiam a função de pacificadores, como foi o caso do já citado Guido Marlière, cuja atuação entre os botocudos teve grande destaque. Padres e militares se associavam no esforço de atrair e civilizar as populações indígenas nos sertões do Império brasileiro, como destacou Silvana Jeha. Os aldeamentos religiosos não eram apenas apoiados por instituições militares, mas confundiam-se com elas em suas atribuições bélicas e civilizatórias. A conjuntura da Guerra do Paraguai iria intensificar o processo de ocupação das províncias do sul, onde se espalhariam colônias militares e aldeamentos indígenas. A força militar e o uso da violência no apoio à missão de catequese aparecem, segundo Amoroso, em várias denúncias da imprensa e nos próprios registros dos capuchinhos. A missão era um misto de brandura e violência.

Essas oscilações entre práticas de brandura e violência com os índios não eram novidade do oitocentos, mas foram foco de intensos debates no período. Esses debates se associavam às acirradas controvérsias sobre a humanidade dos índios. Não cabe abordar a complexa discussão sobre

Os índios na história do Brasil

o tema, mas importa ressaltar a predominância das teorias racistas e discriminatórias entre políticos e intelectuais que, *grosso modo*, concordavam com a concepção da inferioridade dos índios. Divergiam, no entanto, sobre sua potencialidade para alcançar a civilização, questão que fundamentava as discussões políticas sobre as propostas para incorporá-los de forma branda ou violenta. Sobre isso as opiniões dividiam-se.

José Bonifácio de Andrada e Silva e Francisco Adolfo de Varnhagen destacaram-se nesse debate e posicionavam-se em campos opostos. Ambos concordavam quanto à inferioridade dos índios, porém o primeiro defendia sua humanidade e capacidade de civilizar-se, propondo a integração branda. Ao contrário dele, Varnhagen afirmava a bestialidade dos índios que, no seu entender, só poderiam ser incorporados e submetidos através da guerra e do extermínio.

Na política oficial do Império, iria predominar a proposta de Bonifácio. Seu projeto, intitulado *Apontamentos para a civilização dos Índios Bravos do Império do Brasil*, aprovado na Constituinte de 1823, afirmava a necessidade de integrar os índios com brandura a "um povo que se deseja criar". Defendia a política assimilacionista que visava a incorporá-los como cidadãos. Embora condenasse o uso da força, reconhecia sua necessidade em algumas circunstâncias.

Apesar de aprovado, o projeto de Bonifácio não chegou à prática. A Constituição de 1824 sequer mencionou a questão indígena, que se tornou competência das Assembleias Legislativas Provinciais, tendo prevalecido o interesse das oligarquias locais. A política indigenista do Império caracterizou-se, então, pela descentralização, e os índios, ainda divididos nas categorias de mansos e bravos, tinham, de acordo com Carneiro da Cunha, a possibilidade de escolher entre a "civilização" ou o "extermínio", ou seja, entre uma submissão branda ou violenta. Várias leis de caráter local continuariam sendo estabelecidas em prejuízo dos índios, porém no discurso oficial, prevalecia a recomendação para o uso de meios brandos e persuasivos, recomendando-se a violência para os que se recusassem a colaborar.

Várias questões envolvendo os índios preocupavam as autoridades, sobretudo quanto às suas terras e trabalho. Em várias regiões do Império, a mão de obra indígena ainda era bastante utilizada e disputada, o que incentivava uma política de deportação e concentração de populações indígenas, como destacou Carneiro da Cunha. De acordo com a autora, os aldeamentos se estabeleciam em áreas de disputas pastoris e agrícolas ou onde os índios pudessem ser úteis. Os aldeamentos mantinham-se, portanto, em várias regiões, como fonte de abastecimento e reserva de mão de obra. Os índios das aldeias continuavam prestando serviços públicos dentro e fora delas.

Em 1845, o Regulamento das Missões estabeleceu os cargos de diretores-gerais de índios para as províncias e de diretores para as aldeias. A partir de então, esses funcionários passaram a ser responsáveis por distribuir os índios para os serviços e zelar por sua remuneração. Além disso, de acordo com Carneiro da Cunha, eles ajustavam contratos com particulares, embora isso não fosse de sua competência. Essa era uma prática comum no século XIX. Os índios eram entregues a indivíduos que, encarregados de sua educação, tinham direito de explorar seu trabalho por períodos que variavam conforme leis locais. As violências e abusos cometidos com essas práticas aparecem, com frequência, na documentação, principalmente nos relatos dos viajantes.

Os índios permaneciam na condição de tutelados, por serem considerados incapazes de administrar seus próprios bens. Essa função cabia, até 1832, aos ouvidores das comarcas, tendo passado, a partir de 1833, a ser exercida pelos juízes de órfãos. Eram eles os responsáveis pela administração dos bens das aldeias, em especial dos arrendamentos das terras que deveriam reverter para os índios. Com o Regulamento das Missões de 1845, essa incumbência passou para o diretor-geral de índios, que dividia com os diretores das aldeias a administração dos demais bens.

Serviços públicos e militares eram algumas das principais obrigações dos índios das aldeias. Tal como outros segmentos das camadas mais baixas da sociedade imperial, eles eram compulsoriamente recrutados para serviços militares, principalmente para a Marinha. De acordo com o Regulamento das Missões, uma das obrigações dos diretores das aldeias era "alistar os índios, que estiverem em estado de prestar algum serviço militar..." Assim, além de redutos de mão de obra, as aldeias indígenas continuavam, no século XIX, fornecendo contingentes militares para os mais variados conflitos armados. Combatiam grupos indígenas hostis, quilombolas, tropas estrangeiras, revoltas internas, facções políticas locais etc.

Trabalhos recentes têm abordado essas questões procurando perceber as estratégias e os interesses dos índios nas alianças e guerras estabelecidas com os grupos em disputa. As estratégias variavam entre colaborar ou escapar do recrutamento compulsório, usando diferentes argumentos que, conforme a legislação vigente, poderiam isentá-los da participação compulsória nas tropas. A documentação da Diretoria dos Índios de Pernambuco, analisada por Edson Silva, revela inúmeros pedidos de dispensa dos índios que eram "forçados a se alistar como Voluntários da Pátria" na guerra do Paraguai. De acordo com o autor, suas estratégias para escapar eram variadas: fugiam, desertavam das tropas, declaravam doenças, alegavam que sustentavam famílias, casavam-se com mulheres mais velhas, vestiam-se de mulher, atacavam as forças legais que traziam os recrutados forçados para a capital e atacavam cadeias para libertar presos que seriam enviados à guerra.

Se muitos fugiam às convocações, outros participavam, mas poderiam ser movidos por interesses próprios. Os índios que colaboraram na Guerra do Paraguai, por exemplo, forçados ou não, souberam valer-se disso para reivindicar ganhos ao Estado, sobretudo territoriais. Pesquisas recentes em diferentes regiões, analisando a memória social de grupos indígenas da atualidade cujos antepassados participaram da guerra, revelam interessantes reelaborações do passado a partir de seus interesses do presente. Entrevistas e narrativas evidenciam o significativo papel da guerra na construção de memórias coletivas dos grupos, no fortalecimento de suas identidades e, sobretudo, na afirmação da legitimidade de seus direitos sobre os territórios por eles ocupados.

No nordeste, segundo Edson Silva, vários povos indígenas vinculam o direito às terras à recompensa do Imperador por sua participação na Guerra do Paraguai. Da mesma forma, os índios terena do Mato Grosso do Sul, estudados por Vera Lucia Ferreira Vargas, também lançaram mão de sua participação na guerra para reivindicar direitos territoriais. A guerra só trouxe prejuízos, incluindo perda de territórios, e o fim dela não proporcionou terras, mas apenas patentes para os caciques. Em reação, os índios passaram a reivindicar a terra, alegando terem participado ativamente do conflito ao lado dos brasileiros em defesa dos interesses do governo e dos territórios por eles ocupados. Não tinham dúvidas que esses feitos deviam garantir o direito sobre as terras e utilizavam as patentes concedidas aos caciques como instrumento para fortalecer suas reivindicações. Os títulos e as fardas eram símbolos que os diferenciavam de outras etnias nos serviços prestados à pátria, colocando-os na condição de merecedores de recompensas. Os kadiwéu do município de Porto Murtinho (MS) também consideram, de acordo com as narrativas dos mais velhos, que o território de sua reserva (a maior do centro-sul brasileiro, na atualidade) "foi conquistado graças à tenaz participação do grupo na Guerra do Paraguai (1864-1870)...", como ressaltou Giovani José da Silva. O autor problematiza a memória construída pelo grupo, observando que, de fato, os índios não conseguiram, após o conflito, o domínio seguro sobre suas terras. Os kadiwéu, segundo ele, construíram a tradição de que o Imperador D. Pedro II teria doado as terras da reserva pela participação na guerra.

Embora a participação dos índios na Guerra do Paraguai não tenha trazido a esses grupos os ganhos esperados, as gerações seguintes souberam fazer uso dela para solicitar direitos e construir uma memória e identidade de heroísmo, alianças e colaborações com o Estado que, em troca, deveria zelar pelos seus territórios. Reconhecem-se aqui os usos do passado como instrumento de reivindicação por grupos que reelaboram memórias e identidades, incluindo-se na história dos vencedores. Situação semelhante, deve-se lembrar, com a de alguns aldeados do período colonial.

Nos conflitos internos da época da independência e do período regencial, os índios tiveram também intensa participação. Posicionavam-se ao lado das diferentes facções a partir de seus próprios interesses que também se modificavam com a dinâmica dos acontecimentos, levando-os a mudar de lado com frequência. A guerra de independência da Bahia lhes valeu, segundo Carneiro da Cunha, a isenção de vários impostos. Em Pernambuco, na Insurreição de 1817 e na Confederação do Equador de 1824, a maioria dos índios posicionou-se ao lado do Rei e tiveram ganhos com isso, como observou Marcus Carvalho. Segundo o autor, as comunidades indígenas sabiam das possíveis vantagens na aliança com as forças legais. Mais adiante, com a abdicação de D. Pedro e a mudança do jogo de forças na região, passaram a temer represálias e junto com os antigos aliados, que com eles haviam apoiado as forças da ordem, passaram a desafiar o novo poder instituído, integrando o movimento dos cabanos. As tropas da ordem, por sua vez, também se esforçavam por arregimentar índios que lutavam, portanto, dos dois lados, embora estivessem majoritariamente entre os cabanos. O estopim para o início da Cabanada foi, segundo Carvalho, a prisão do cacique Hipólito, em 1832. A partir de então, os índios debandaram em massa para o lado dos cabanos. Relações fluidas e complexas nas quais os interesses dos índios aparecem como motivadores de suas alianças.

A significativa inserção dos índios nas disputas políticas de caráter local também tem sido observada em pesquisas recentes. Marcus Carvalho, Edson Silva e Mariana Dantas observaram o vaivém dos índios das aldeias de Pernambuco entre alianças com os partidos conservadores e liberais que tentavam atraí-los. Esses estudos indicam a importância de se levar em conta as dinâmicas locais para se entender as complexas redes de alianças estabelecidas entre os diferentes agentes sociais, incluindo os índios. Além disso, contribuem para desconstruir a velha imagem de índios tolos e ingênuos usados como massa de manobra de políticos e fazendeiros inescrupulosos. Aliavam-se em busca dos possíveis ganhos que as redes de relações locais poderiam proporcionar.

Entre esses possíveis ganhos, o direito à terra aparece como uma das principais reivindicações dos vários grupos que recorriam às autoridades. Manter a terra das aldeias era um dos principais desafios enfrentados pela população dos aldeados nas regiões de colonização antiga. Nelas, moradores e câmaras municipais avançavam sobre as terras das aldeias, procurando extingui-las, e enfrentavam a reação dos índios, que se esforçavam por conservá-las. Essas disputas iriam se intensificar consideravelmente a partir de meados do século.

Conflitos agrários e resistências indígenas nas antigas aldeias

A legislação indigenista do oitocentos incentivava o processo de individualização das terras indígenas com um discurso humanitário que visava a integrar os índios em igualdade de condições, transformando-os em cidadãos. Afinal, os ideais de civilização e progresso característicos do novo Estado não comportavam a ideia de índios, nem de vida comunitária. O objetivo era, sem dúvida, extinguir as aldeias, mas de acordo com a lei e respeitando-se os direitos dos índios, enquanto eles fossem considerados como tais.

As propostas assimilacionistas construíam-se de forma a ressaltar as vantagens que a nova condição de cidadão concederia aos índios. Tais propostas eram reforçadas pelas construções dos intelectuais que idealizavam os índios do passado, enquanto viam seus contemporâneos como degradados. A solução ideal para eles era, de acordo com esses discursos, integrarem-se à sociedade nacional, tornarem-se cidadãos e terem acesso a propriedades individuais. Valores caros aos índios, como a vida comunitária e a reciprocidade, eram vistos como negativos e obstáculos ao progresso.

Quanto à legislação sobre terras, o Regulamento das Missões manteve os direitos dos índios nas aldeias, decretando ser obrigação do diretor-geral designar terras para plantações comuns, para plantações particulares dos índios e para os arrendamentos. Porém, o regulamento seguia as orientações assimilacionistas predominantes. Sobre as aldeias, decretava em seu artigo 1º, §2º, que se informasse ao "...Governo Imperial sobre a conveniência de sua conservação, ou remoção, ou reunião de duas, ou mais, em uma só" (Beozzo, 1983:169). A Lei de Terras de 1850 também estabelecia uma reserva de terras para a colonização de indígenas, porém foi o regulamento de 1854 que iria explicitar com mais nitidez a política assimilacionista do Império: reservava as terras para os índios em usufruto, afirmando que "não poderão ser alienadas, enquanto o governo Imperial, por ato especial, não lhes conceder o pleno gozo delas, por assim o permitir o seu estado de civilização" (Cunha, 1992:223).

Em 1861, a questão dos índios passou à esfera do Ministério da Agricultura e Obras Públicas, o que aponta para a associação entre a política indigenista e questões agrárias. Em várias regiões do Império, sobretudo a partir da segunda metade do século XIX, a questão indígena tornava-se, basicamente, uma questão de terras, como destacou Manuela Carneiro da Cunha. O Regulamento das Missões de 1845 e a Lei de Terras de 1850, complementada com o regulamento de 1854, reafirmaram as diretrizes do Diretório em dois importantes aspectos: incentivavam a proposta assimilacionista e continuavam garantindo o direito dos índios às terras coletivas enquanto eles não atingissem o chamado estado de civilização. Isso dava aos índios das aldeias possibilidades de continuarem reivindicando, através da lei, os direitos que haviam sido prometidos. Essas reivindicações, deve-se lembrar, baseavam-se na afirmação da identidade indígena.

Observa-se, então, que controvérsias e contradições sobre classificações étnicas dos índios nas categorias de índios ou misturados (mestiços), já presentes na documentação e em disputas por terras nas aldeias do Rio de Janeiro desde o século XVIII, iriam se tornar muito mais frequentes. Essas controvérsias envolviam direitos, pois ser índio permitia manter as terras coletivas e o patrimônio das aldeias, enquanto ser mestiço significava perdê-los. Os argumentos dos atores para garantir ou negar direitos aos índios faziam-se, cada vez mais, em torno das classificações étnicas. Para justificar a extinção das aldeias, construía-se o discurso da mistura e do desaparecimento dos índios. Estes últimos, por sua vez, respondiam reivindicando direitos com base na identidade indígena construída no processo da colonização. Para os índios, a igualdade significava o fim de um status jurídico-político específico, através do qual se distinguiam dos demais segmentos sociais e que, apesar dos limites, dava-lhes proteção e alguns direitos especiais, sobretudo à terra coletiva.

No decorrer do século XIX, incentivados pela política assimilacionista da Coroa portuguesa e depois do Império, as câmaras municipais e os moradores intensificavam suas investidas para apoderar-se das terras e dos rendimentos coletivos das aldeias. Estas eram descritas como decadentes e miseráveis, mas continuavam despertando conflitos, pois os índios insistiam em preservá-las. Isso pode ser verificado em estudos recentes sobre o Rio de Janeiro, o Espírito Santo e várias províncias do nordeste. A razão principal que os unia em torno do objetivo de mantê-las decorria, a meu ver, do fato delas ainda constituírem, nesse período, espaço de proteção. Ali, ainda tinham garantidos, além da terra e seus rendimentos, a vida em comunidade. Numa ordem social rigidamente hierárquica e escravocrata, tais direitos deviam ser bastante atraentes. Apesar de transformados, misturados e vivendo em aldeias pobres e decadentes como afirmam muitos relatos, os índios aldeados mantiveram-se como tais por pelo menos mais um século após as reformas de Pombal. Lutavam (eventualmente com apoio de algumas autoridades civis e eclesiásticas), juridicamente, para manter suas aldeias contra a forte pressão que se fazia no sentido de extingui-las.

Na segunda metade do século XIX, a intensa correspondência oficial entre autoridades do governo central, das províncias e dos municípios é reveladora da preocupação do Estado em obter o máximo de informações possíveis sobre os aldeamentos e os índios com o nítido objetivo de dar cumprimento à política assimilacionista, a ser implementada conforme as situações específicas de cada região. Não é de estranhar, portanto, que o conteúdo desses documentos insistisse tanto na decadência, miserabilidade e diminuição dos índios e suas aldeias.

Nessa época, assiste-se a confrontos entre os índios, os moradores e as câmaras municipais que pretendiam extinguir as aldeias e apoderar-se de suas terras. As reivindicações dos índios se faziam com base na legislação e a etnicidade tinha papel central nas disputas, pois as leis, apesar da tendência assimilacionista, continuavam garantindo direitos coletivos enquanto índios e aldeias existissem. O interesse destes últimos em manter-se nas aldeias, afirmando ainda sua identidade indígena, pode ser identificado através de alguns requerimentos que solicitavam direitos coletivos e contradiziam as afirmações sobre o desaparecimento de sua aldeia e sua mistura à massa da população. Na segunda metade do oitocentos, a correspondência oficial, sobretudo entre presidentes de província e autoridades locais, revela a preocupação das autoridades em negar identidades indígenas, através de afirmações que se contradiziam, às vezes no próprio documento, ou com requerimentos dos índios que reivindicavam direitos assumindo a condição de indianidade.

Em 1850, carta circular aos presidentes de província ordenava o envio de informações "...sobre os aldeamentos dos

Os índios na história do Brasil

índios, declarando as alterações que tenham tido tanto a respeito da população como dos ramos da agricultura, indústria e comércio a que se dedicam com designação das causas que concorrem para a decadência dos mesmos aldeamentos, os meios para os remover, bem como os que parecerem próprios para chamar os selvagens à vida social..."[8] No mesmo ano, outra circular aos presidentes de província tratava do "...destino que se deve dar às terras dos índios, visto não os haverem aldeados, e não ter a elas aplicação o Regulamento nº 426 de 24 de junho de 1845, que (...) deve continuar as providências adotadas para incorporação aos próprios nacionais de todas aquelas terras que não estiverem ocupadas, as quais se devem considerar devolutas..."[9]

O conteúdo desses documentos evidencia o interesse do Estado em obter informações para justificar a extinção das aldeias, de acordo com a lei. Cabe lembrar que o Regulamento de 1845 decretara o direito dos índios à terra nas aldeias, considerando, no entanto, a possibilidade de extingui-las, conforme seu estado de decadência, e que o regulamento de 1854 estabelecera para os índios o usufruto temporário das terras, até que atingissem o "estado de civilização", quando o governo imperial poderia incluí-los no pleno gozo dos direitos de todos os cidadãos. Isso significava acabar com seus direitos às terras coletivas.

No Rio de Janeiro, dando cumprimento às ordens do governo central, o presidente da província estabeleceu significativa correspondência com as autoridades municipais, sobretudo juízes de órfãos, para saber se "...existem povoações

---

[8] Arquivo Nacional. Circular dos Presidentes de Província, 1850 (Série Agricultura), IA7.4, fl. 38.
[9] Arquivo Nacional. Circular dos Presidentes de Província, 1850 (Série Agricultura), JA7.4, fl. 38.

de índios, qual o estado de seu aldeamento, nação e patrimônio..." Pedia-se também informações sobre as terras das aldeias e suas medições, bem como sobre os possíveis serviços que os índios por ventura prestassem aos moradores e/ ou autoridades. Os documentos não deixam dúvidas sobre o interesse das autoridades em extinguir as aldeias. Para isso, era preciso constatar seu desaparecimento ou estado de decadência, o que se revela em muitos relatos com referência a antigas aldeias abandonadas há muitos anos, por índios que, de acordo com os informes, viviam dispersos, vagando pelos sertões. Contrariando esses documentos, os índios reivindicavam direitos.

A aldeia de São Lourenço foi extinta em 1866. Desde 1861, a Câmara Municipal de Niterói solicitava à presidência da província a incorporação dos terrenos da sesmaria da aldeia, alegando serem estes os melhores terrenos do município, e que pouco rendiam sob a administração de pessoas desinteressadas. Alegavam a importância desses rendimentos para cobrir despesas da cidade cujos recursos eram escassos e que os "...indígenas com o andar dos tempos, têm desaparecido, e mesmo os muito poucos que existem, não são puros". Em outubro de 1865, foi dada autorização para que o presidente da província extinguisse a aldeia, sob a alegação de "(...) que os poucos índios ali existentes com esta denominação se acham nas circunstâncias de entrarem no gozo dos direitos comuns a todos os brasileiros". No ano seguinte, um documento, provavelmente da Câmara Municipal, negava a pretensão de "...intitulados índios que solicitam a continuação de mensalidades outrora arbitradas (...), afirmando que não era possível atendê-los pois o Aviso de 31 de outubro havia extinguido o mencionado aldeamento, tendo feito desaparecer a (...) entidade Índios e proveu ao bem-estar dos que com essa denominação ainda ali existiam"[10].

O Aviso declarou, portanto, o desaparecimento não só da aldeia, mas também dos índios, que apesar terem sua presença ali reconhecida, ao reivindicarem direitos um ano depois, eram declarados inexistentes pelas autoridades locais. Outros exemplos poderiam ser citados, confirmando que o discurso das autoridades construía-se conforme seus interesses em ter acesso às terras das aldeias, porém respeitando as exigências da legislação. Assim, aos índios nas aldeias ou em terrenos das aldeias, as autoridades informantes acrescentavam advérbios e adjetivos como "poucos", "diminutos", "misturados", "civilizados" e os tornavam inexistentes, justificando a extinção das aldeias.

Processo semelhante foi observado por Edson Silva em várias províncias do Nordeste. A rica documentação analisada pelo autor apresenta as mesmas contradições, entre as afirmativas de que os índios estariam confundidos com a massa da população e desaparecidos, e os documentos dos próprios índios que continuavam reivindicando direitos. Enquanto os relatos da presidência da província afirmavam, na década de 1850, a inexistência de aldeamentos indígenas no Ceará, documentação posterior registrava solicitações dos índios por seus direitos. A petição dos índios da aldeia de São Miguel do Una (em Barreiros, Pernambuco) é ilustrativa a este respeito. Pediam providências por se sentirem perseguidos, pois segundo do eles, depois de terem "recebido suas terras por doação confirmada em Carta Régia de 1698, como recompensa pela participação ao lado das tropas legais nos combates ao Qui-

---

[10] Arquivo Nacional. Carta ao Presidentes de Província do Rio de Janeiro às terras do aldeamento de São Lourenço, 9 jun. 1886 (Série Agricultura), IA7.1, fl. 78, verso.

lombo dos Palmares (...)", elas haviam sido invadidas por outros conquistadores que "(...) circulando a aldeia por todos os lados, cada hum tratou de edificar engenhos, dizendo-se que na aldeia não existiam mais índios da raça primitiva" (Silva, 1996:23). Muitos outros exemplos semelhantes foram apontados pelo autor.

No Espírito Santo, segundo Vânia Lousada Moreira, conflitos por terras entre índios de antigas aldeias e câmaras municipais também envolviam discussões sobre classificações étnicas. Os índios da vila de Nova Almeida (antiga aldeia dos Reis Magos), espoliados e enfrentando contínuas usurpações territoriais por parte de moradores e câmaras municipais, conseguiram, por lei, o direito de registrar suas terras e livrar-se da tutela, mantendo a identidade indígena.

O processo de extinção das antigas aldeias coloniais envolveu, em várias regiões, o apagamento das identidades indígenas por diferentes autoridades e moradores. Tal apagamento era contrariado pela ação política dos próprios índios que, com requerimentos e petições, desafiavam esses discursos afirmando a identidade indígena e seus antigos direitos obtidos pelos acordos com a Coroa Portuguesa. As disputas e controvérsias sobre classificações étnicas já presentes na documentação desde o século XVIII tornaram-se muito mais acentuadas no decorrer do XIX, na medida em que eram cada vez mais acionadas pelos grupos em disputa para fazer valer seus interesses. As aldeias acabariam extintas, porém após processos longos cheios de avanços e recuos, nos quais os índios tiveram participação importante, contribuindo, ao que parece, para retardá-los.

Considerações finais

A história do Brasil construída no século XIX apagou a história e as identidades de inúmeros povos indígenas que ainda habitavam seus territórios e reivindicavam direitos. Visivelmente presentes na sociedade imperial do oitocentos, esses índios não foram ouvidos por historiadores voltados para outros interesses, o que culminou com a construção de uma história que os excluía, enquanto valorizava índios desaparecidos. Os chamados movimentos de etnogênese que ocorrem, hoje, em diferentes regiões do Brasil, sobretudo no nordeste brasileiro, vêm confirmar a capacidade de rearticulação cultural e identitária desses povos, mesmo submetidos às mais violentas situações. Se como lembrou João Pacheco de Oliveira, esses movimentos não surgem do nada, deve-se considerar que muitos desses grupos, de fato, nunca desapareceram. Foram, provavelmente, tornados invisíveis ou passaram despercebidos por políticos e intelectuais que, comungando com as noções assimilacionistas não podiam ouvi-los nem compreendê-los. Hoje, em conjunturas favoráveis, tanto do ponto de vista político (propiciado pelos movimentos indígenas e pelos direitos garantidos com a Constituição de 1988), quanto intelectual (propiciado pelas novas abordagens teóricas e conceituais da história e da antropologia), inúmeros grupos indígenas reaparecem no cenário político e na história do Brasil. No livro intitulado *Viagem da volta*, Pacheco de Oliveira reúne trabalhos de pesquisadores que analisam as trajetórias específicas de vários desses grupos. Esses trabalhos evidenciam a capacidade dos povos para se misturarem e se modificarem, sem necessariamente deixarem de ser índios.

Ao invés de desaparecerem, como era previsto, os índios, em nossos dias, crescem e se fortalecem politicamente, exercendo considerável influência sobre os estudos acadêmicos. Eles próprios entram nas universidades e produzem conhecimentos sobre suas culturas e histórias. Saem dos bastidores e lentamente vão conquistando espaços no palco de nossa história, ainda que espaços muito acanhados, deve-se convir.

Há ainda muitas histórias de índios para se escrever e contar e há, principalmente, muito o que repensar sobre as histórias regionais e do Brasil, quando se reconhece os índios como sujeitos dos processos nos quais se inserem. Este livro procurou apresentar algumas dessas histórias e reinterpretações, selecionadas entre muitas outras que já vêm sendo produzidas em diferentes regiões do país. A multiplicação dessas histórias é essencial para o avanço das novas interpretações sobre as histórias indígenas, as histórias regionais e sobre a própria história do Brasil.

Referências

Fontes primárias

ANCHIETA, José de. *Informações, fragmentos históricos e sermões*. São Paulo: Edusp; Belo Horizonte: Itatiaia, 1988.

BEOZZO, José Oscar. *Leis e regimentos das missões*: política indigenista no Brasil. São Paulo: Loyola, 1983.

CARDIM, Fernão. *Tratados da terra e da gente do Brasil*. São Paulo: Edusp; Belo Horizonte: Itatiaia, 1980.

CUNHA, Manuela Carneiro da. *Legislação indigenista no século XIX* – uma compilação (1808-1889). São Paulo: Edusp, 1992.

DANIEL, Padre João. *Tesouro descoberto no rio Amazonas*. [1757-1776]. Rio de Janeiro: Biblioteca Nacional, 1976. 2 v.

LÉRY, Jean de. *Viagem à terra do Brasil*. [1578]. São Paulo: Edusp; Belo Horizonte: Itatiaia, 1980.

MENDONÇA, Marcos Carneiro de. *A Amazônia na era pombalina*. São Paulo: IHGB, 1963. 3 v.

NÓBREGA, Manoel da. *Cartas do Brasil (1549-1560)*. São Paulo: Edusp; Belo Horizonte: Itatiaia, 1988.

SALVADOR, Frei Vicente do. *História do Brasil, 1500-1627*. São Paulo: Edusp; Belo Horizonte: Itatiaia, 1982.

SOUZA, Gabriel Soares de. *Tratado descritivo do Brasil em 1587*. São Paulo: Companhia Editora Nacional; Brasília: MinC/INL, 1971.

STADEN, Hans. *Duas Viagens ao Brasil*. [1557]. São Paulo: Edusp; Belo Horizonte: Itatiaia, 1974.

Fontes secundárias (livros, artigos, teses, dissertações)

ALMEIDA, Maria Regina Celestino de. *Metamorfoses indígenas*: identidade e cultura nas aldeias coloniais do Rio de Janeiro. Rio de Janeiro: Arquivo Nacional, 2003.

_____. Os vassalos d'El Rey nos confins da Amazônia – a colonização da Amazônia Ocidental – 1750-1798. *Anais da Biblioteca Nacional*, Rio de Janeiro, v. 112, p. 63-85, 1992.

AMOROSO, Marta Rosa. *Catequese e evasão. Etnografia do Aldeamento Indígena São Pedro de Alcântar, Paraná (1855-1895)*. Tese (Doutorado) – Universidade de São Paulo, São Paulo, 1998.

BARBOSA, Bartira. *Paranambuco: herança e poder indígena* – Nordeste séculos XVI-XVII. Recife: UFPE, 2007.

BARTH, Frederick. Os grupos étnicos e suas fronteiras. In: LASK, Tomke (Org.). *O guru, o iniciador e outras variações antropológicas*. Rio de Janeiro: Contracapa, 2000. p. 25-67.

CARVALHO JR., Almir Diniz de. *Índios cristãos. A conversão dos gentios na Amazônia Portuguesa (1653-1769)*. Tese (Doutorado) – Unicamp, Campinas, 2005.

CARVALHO, Marcus J. M. de. A Mata Atlântica: sertões de Pernambuco e Alagoas, sécs. XVII-XIX. *Clio. Revista de Pesquisa Histórica*. Recife: UFPE, n. 25-22, p. 249-266, 2007.

CASTELNAU-L'ESTOILE, Charlotte de. *Operários de uma vinha estéril*. Os jesuítas e a conversão dos índios no Brasil – 1580-1620. Bauru: Edusc, 2006.

COELHO, Mauro César. *Do Sertão para o Mar. Um estudo sobre a experiência portuguesa na América:* o caso do Diretório dos Índios. Tese (Doutorado) – Universidade de São Paulo, São Paulo, 2005.

Os índios na história do Brasil

CUNHA, Manuela Carneiro da (Org.). *História dos índios no Brasil*. São Paulo: Companhia das Letras, 1992.

DANTAS, Mariana Albuquerque. *Dinâmica social e estratégias indígenas:* disputas e alianças no aldeamento do Ipanema, em Águas Belas, Pernambuco (1860-1920). Dissertação (Mestrado) – Universidade Federal Fluminense, Niterói, 2010.

DOMINGUES, Ângela. *Quando os índios eram vassalos. Colonização e relações de poder no Norte do Brasil na segunda metade do século XVIII.* Lisboa: CNCDP, 2000.

EISENBERG, José. *As Missões Jesuíticas e o pensamento político moderno:* encontros culturais, aventuras teóricas. Belo Horizonte: UFMG, 2000.

FARAGE, Nádia. *As muralhas do sertão:* os povos indígenas do Rio Branco e a colonização. Rio de Janeiro: Paz e Terra/Anpocs, 1991.

FAUSTO, Carlos. *Os índios antes do Brasil*. Rio de Janeiro: Jorge Zahar, 2000.

FERNANDES, Florestan. Antecedentes indígenas: organização social das tribos tupis In: HOLANDA, Sérgio Buarque de (Org.). *História geral da civilização brasileira*. Rio de Janeiro: Difel, 1976. v. 1.

_____. *A organização social dos tupinambá.* [1949]. São Paulo: Hucitec, 1989.

FREIRE, José Ribamar Bessa. *Rio Babel, a história das línguas na Amazônia.* Rio de Janeiro: Atlântica, 2004.

GARCIA, Elisa Frühauf. *As diversas formas de ser índio:* políticas indígenas e políticas indigenistas no extremo sul da América portuguesa. Rio de Janeiro: Arquivo Nacional, 2009.

HEMMING, John. *Ouro vermelho. A conquista dos índios brasileiros.* São Paulo: Edusp, 2007.

HENRIQUE, Mario C. Sem Vieira nem Pombal: as missões religiosas na Amazônia do século XIX. Comunicação apresentada no XIX Simpósio Nacional de História da ANPUH. Belo Horizonte, 1997.

HILL, Jonathan (Org.). *History, power and identity* – ethnogenesis in the Americas, *1942-1992.* Iowa City: University of Iowa Press, 1996.

JEHA, Silvana Cassab. *O padre, o militar e os índios. Chagas Lima e Guido Marlière:* civilizadores de botocudos e kaingangs nos sertões de Minas Gerais e São Paulo, século XIX. Dissertação (Mestrado) – Universidade Federal Fluminense, Niterói, 2005.

KARASH, Mary; MCCREERY, David. *Indigenous Resistance in Central Brazil, 1770-1890*. Comunicação apresentada na Casa Rui Barbosa, jun. 2009.

KODAMA, Kaori. *Os índios no Império do Brasil. A etnografia do IHGB entre as décadas de 1840 e 1860*. Rio de Janeiro: Fiocruz; São Paulo: Edusp, 2009.

KOK, Gloria. *O sertão itinerante*: expedições da capitania de São Paulo no século XVIII. São Paulo: Hucitec/Fapesp, 2004.

LANGFUR, Hal. Uncertain Refuge: frontier formation and the origins of the Botocudo War in late colonial Brazil. *Hispanic American Historical Review*, v. 2, n. 82, p. 215-256, 2002.

LEMOS, Marcelo S. *O índio virou pó de café?* – A resistência dos índios Coroados de Valença frente à expansão cafeeira no Vale do Paraíba (1788-1836). Dissertação (Mestrado) – Universidade Estadual do Rio de Janeiro, Rio de Janeiro, 2004.

LOPES, Fátima Martins. *Índios, colonos e missionários na colonização da capitania do Rio Grande do Norte*. Mossoró: Fundação Vingt-Un Rosado, Instituto Histórico e Geográfico do Rio Grande do Norte, 2003.

_____. *Em nome da liberdade:* as vilas de índios do Rio Grande do Norte sob o Diretório Pombalino no século XVIII. Tese (Doutorado) – Universidade Federal de Pernambuco, Recife, 2005.

MAIA, Ligio José de Oliveira. *Serras de Ibiapaba, de aldeia a vila de índios:* vassalagem e identidade social no Ceará Colonial – Século XVIII. Tese (Doutorado) – Universidade Federal Fluminense, Niterói, 2010.

MALHEIROS, Márcia. *Homens de fronteiras:* índios e capuchinhos na ocupação dos sertões do leste do Paraíba ou Goytacazes. Tese (Doutorado) – Universidade Federal Fluminense, Niterói, 2007.

MARCHANT, Alexander. *Do escambo à escravidão*. 2 ed. São Paulo: Nacional; [Brasília]: INL, 1980.

MATTOS, Izabel Missagia de. *Civilização e revolta os botocudos e a catequese na província de Minas*. Bauru: Edusc, 2004.

MEDEIROS, Ricardo Pinto de. Política indigenista do período pombalino e seus reflexos nas Capitanias do Norte da América portuguesa. In:

_____; OLIVEIRA, Carla Mary S. *Novos olhares sobre as capitanias do norte do Estado do Brasil*. João Pessoa: UFPB, 2007. p. 125-159.

MELLATTI, Julio Cezar. *Índios do Brasil*. São Paulo: Edusp, 2007.

MELLO, Marcia Eliane A. S. *Fé e Império*: as juntas das missões nas conquistas portuguesas. Manaus: Universidade Federal do Amazonas, 2009.

MÉTRAUX, Alfred. *A religião dos tupinambás e suas relações com as demais tribos tupi-guaranis*. [1928]. Trad. Estevão Pinto. 2 ed. São Paulo: Nacional, 1979.

MINTZ, Sidney W. Cultura: uma visão antropológica. *Tempo. Revista do Departamento de História da UFF*, Niterói, v. 14, n. 28, 2010. No prelo.

MONTEIRO, John Manuel. *Negros da terra – índios e bandeirantes nas origens de São Paulo*. São Paulo: Companhia das Letras, 1994.

_____. (Org.). *Guia de fontes para a história indígena e do indigenismo em arquivos brasileiros*: acervo das capitais. São Paulo: Núcleo de História Indígena e do Indigenismo da Universidade de São Paulo/Fapesp, 1994.

_____. *Tupis, tapuias e historiadores*: estudos de história indígena e do indigenismo. Tese (Livre-Docência) – Unicamp, Campinas, 2001.

_____. Site: <www.ifch.unicamp.br/ihb/>.

MOREIRA, Vânia Maria Lousada. Nem selvagens nem cidadãos: os índios da Vila de Nova Almeida e a usurpação de suas terras durante o século XIX. *Dimensões. Revista de História da UFES*, Vitória, n. 14, p. 151-167, 2002.

OLIVEIRA, João Pacheco de (Org.). *A viagem da volta*: etnicidade, política e reelaboração cultural no Nordeste indígena. Rio de Janeiro: Contracapa, 1999.

PERRONE-MOISÉS, Beatriz. Índios livres e índios escravos: os princípios da legislação indigenista do período colonial (séculos XVI a XVIII). In: CUNHA, M. Carneiro da. *História dos índios no Brasil*. São Paulo: Companhia das Letras, 1992. p.115-132.

POMPA, Cristina. *Religião como tradução*: missionários, Tupi e "Tapuia" no Brasil Colonial. Bauru/SP: Edusc, 2003.

PUNTONI, Pedro. *A Guerra dos Bárbaros* – povos indígenas e a colonização do sertão nordeste do Brasil, *1650-1720*. São Paulo: Hucitec/ Edusp, 2002.

RAMINELLI, Ronald. Honras e malogros: trajetória da família Camarão 1630-1730. In: VAINFAS, Ronaldo; MONTEIRO, Rodrigo Bentes (Orgs.). *Império de várias faces* – relações de poder no mundo ibérico da época moderna. São Paulo: Alameda, 2009. p. 175-191.

RESENDE, M. Leonia Chaves de. *Gentios brasílicos* – Índios coloniais em Minas Gerais setecentista. Tese (Doutorado) – Unicamp, Campinas, 2003.

ROCHA, Rafael Ale. *Os oficiais índios na Amazônia pombalina:* sociedade, hierarquia e resistência (1751-1798). Dissertação (Mestrado) – Universidade Federal Fluminense, Niterói, 2009.

RODRIGUES, Aryon Dall'Igna. *Línguas brasileiras*. São Paulo: Loyola, 1986.

SAMPAIO, Patrícia. *Espelhos partidos:* etnia, legislação e desigualdade na Colônia. Sertões do Grão-Pará, c 1755-c.1823. Tese (Doutorado) – Universidade Federal Fluminense, Niterói, 2001.

SCHWARTZ, Stuart. *Segredos internos. Engenhos e escravos na sociedade colonial*. Trad. Laura Teixeira Motta. São Paulo: Companhia das Letras, 1988.

SILVA, Aracy Lopes da; GRUPIONI, Luís D. Benzi (Orgs.). *A temática indígena na escola. Novos subsídios para professores de 1º e 2º graus*. Brasília: MEC/Mari/Unesco, 1995.

SILVA, Edson. "Confundidos com a massa da População": o esbulho das terras indígenas no Nordeste no século XIX. *Revista do Arquivo Público de Pernambuco*, Recife, v. 42, n. 46, p. 17-29, 1996.

_____. "Nós vencemos a guerra!" História, memórias e leituras indígenas da Guerra do Paraguai. *Clio, Revista de Pesquisa História*, Recife, UFPE, n. 25-2, p. 39-65, 2007.

SILVA, Giovani José da. Notícias da guerra que não acabou: a Guerra do Paraguai (1864-1870) rememorada pelos índios kadiwéu. Fronteiras, *Revista de História*, Dourados, v. 9, n. 16, p. 83-91, jan./jul. 2007. Disponível em: <www.periodicos.ufgd.edu.br/index.php/FRONTEIRAS/article/view/42>.

SILVA, Isabelle B. Peixoto da. *Vilas de índios no Ceará Grande* – dinâmicas locais sob o diretório pombalino. Campinas: Pontes Editores, 2005.

Os índios na história do Brasil

SILVA, Joaquim Norberto de Souza. Memória histórica e documentada das aldeias de índios do Rio de Janeiro. *Revista do Instituto Histórico e Geográfico do Brasil*. Rio de Janeiro, v. 62, 3ª série, n. 14, 1854.

STERN, Steve J. (Org.). *Resistance rebellion and consciousness in the Andean Peasant World, 18th to 20th Centuries*. Madison: The University of Wisconsin Press, 1987.

SOMMER, Bárbara. *Negotiated settlements:* native Amazonians and Portuguese policy in Pará, Brazil, 1758-1798. Thesis (PhD) – University of New Mexico, New Mexico, 2000.

THOMPSON, E. P. *A formação da classe operária inglesa*. Rio de Janeiro: Paz e Terra, 1987.

TREECE, David. *Exilados, aliados, rebeldes*. O Movimento Indianista, a Política Indigenista e o Estado-Nação Imperial. São Paulo: Edusp, 2008.

TURIM, Rodrigo. A "obscura história indígena". O discurso etnográfico no IHGB (1840-1870). In: GUIMARÃES, Manoel Luiz S. (Org.). *Estudos sobre a escrita da história*. Rio de Janeiro: 7Letras, 2006. p. 86-113.

VAINFAS, Ronaldo. *A heresia dos índios – Catolicismo e rebeldia no Brasil colonial*. São Paulo: Companhia das Letras, 1995.

VARGAS, Vera Lucia Ferreira. *A construção do território Terena (1870-1966):* uma sociedade entre a imposição e a opção. 161 f. Dissertação (Mestrado) – Universidade Federal do Mato Grosso do Sul, Dourados, 2003.

VARNHAGEN, Francisco Adolfo. *História geral do Brasil antes da sua separação e Independência de Portugal*. [1854]. 3. ed. São Paulo: Melhoramentos, s.d.

VIVEIROS DE CASTRO, Eduardo. O mármore e a murta: sobre a inconstância da alma selvagem. *Revista de Antropologia*, São Paulo, USP, v. 35, p. 21-74, 1992.

WEBER, Max. Relações comunitárias étnicas. In: _____ *Economia e sociedade*. Brasília: Universidade de Brasília, 1994. p. 267-277.